そこが知りたい！"若い教師の悩み"
向山が答えるQA集 ②

学級づくり "よくある失敗" 113例

～先生好きにする改善ヒント～

プロデュース **星野裕二**　　著 **向山洋一**

学芸みらい社
GAKUGEI MIRAISHA

まえがき

　楽しく、明るく、みんな仲の良い学級をつくりたい。
　教師なら誰しも思うことである。
　しかし、このように三拍子のそろった学級をつくるのはそんなに簡単なことではない。
　学級には様々な家庭環境を背負って子どもたちがやってくる。
　親からの愛着不足、虐待、家庭の貧困、軽度発達障害……などなど。
　そんな子どもたちを群れとして集団として統率するには教師の統率者としての自覚とそれを実現する技能、技量（術）が必要である。
　しかし、若い教師には情熱はあっても学級を統率する術がない。
　たとえば次のような悩みをもつ若い教師が多い（最近ではベテランでも多いそうだ）。

○　やんちゃ坊主に振り回されて授業にならない。
○　男女の仲のいいクラスにすることができない。
○　グループに入れない子をどうしたらいいか分からない。
○　いじめへの対応が分からない。
○　軽度発達障害を持った子への配慮の仕方がうまくいかず、その子への対応に追われているうちに他の子が荒れていうことを聞かない。
○　係り当番活動を盛り上げることができない。
○　給食指導の仕方が分からない。

　このような問題が起こる要因の一つが教師の統率力の低さなのである。
　では、教師が統率力を身に付け、発揮するには何をどうしたらいいのか？
　これが若き教師の根本的な悩みであると思われる。
　いじめが起こる、男女の仲が悪い、やんちゃ坊主がやりたい放題をやる。
　これら一つ一つは枝葉の現象である。
　大事なのはこのような現象が起こらない根っこの部分を形成するシステムを構築する腕を教師は持たなければならないのである。
　例えば、「黄金の三日間」という言葉がある。
　新しいクラスを担任した時の最初の三日間を指す。
　なぜ、この三日間が「黄金」なのか。

このことを説明し実践している先生なら本書を手にする必要はないだろう。
　これは、向山洋一氏が学級づくりの肝として全国に向けて提唱した言葉であり、概念である。
　なぜ、「最初の三日間」が一年の学級づくりの肝なのか？
　それは、どんなやんちゃ坊主も最初の三日間は静かに教師のいうことを聞くからなのである。
　その機会を逃さずに教師はクラスを統率する仕組みをつくるのである。
　これがうまくいけば、明るく、楽しく、仲の良いクラスづくりのほぼ80％は成功なのだ。逆に、この三日間を何となく過ごせば学級騒然、崩壊の影がひたひたと近づいてくるのである。
　ただ、黄金の三日間を成功してもクラスには時々「荒れ」や「荒れの兆候」が出てくる。
　それらに対応する術も教師は持たなければならない。
　本書には、学級づくりの根っこの部分をどうするのか。
　枝葉の部分をどうするのか。
　それらのつまずきへの対応の仕方が満載されている。
　ぜひ、お読みになって素晴らしい学級づくりを実現していただきたい。

　この本に掲載されているQ&Aは、20代〜30代の若い教師と21世紀を代表するプロ教師向山洋一氏との問答集である。
　15年の長きにわたって、福島県郡山市で行われた向山洋一教育実践Q＆Aエキサイティング講座で収録されたものを再構成したものである。

　本書が、先生方の日々の学級づくりの悩みを解決する一助になれば幸いである。
　最後に、私たち「向山教育実践Q＆A事務局」で積み上げてきた問答集を新たな視点で提案する機会を与えてくださった学芸みらい社樋口雅子編集長に感謝の意を表しまえがきとする。

　2016年11月
　　　　　　　　　　　　TOSS kids school大玉校長　星 野 裕 二

目 次

まえがき ……………………………………………………………… 2

I 学級づくり「はじめの一歩」ここでのつまずき―見直しヒント

1 楽しいクラスにするにはどうすればよいでしょう ……………… 10
2 新しいクラスを持ったら最初に何をしたらよいでしょう ……… 10
3 1年生が人の話を聞けるようにするにはどうしたらよいでしょう …… 11
4 クラスをまとめるにはどうしたらよいでしょう ………………… 11
5 新卒教師が最初でぐちゃぐちゃにしないためには？ …………… 12
6 お互いを認める雰囲気をつくるためにはどうすればよいでしょう …… 13
7 学級目標を短時間でつくる方法を教えてください ……………… 14
8 教師に「何でも話せるクラス」をつくるには？ ………………… 15
9 1年間だけの担任はどのようにすればよいでしょう …………… 16
10 きりっと締まる教室にしたいのですが …………………………… 16

II 「学級のルールづくり」ここでのつまずき―見直しヒント

❶ 係・当番などの決め方
 1 席替えをどのようにしたらよいでしょう ……………………… 18
 2 生活班をつくるときの決め方を教えてください ……………… 19
 3 係活動のやり方で学年の先生と意見が違ってしまいました …… 20
 4 係と当番の分け方はこれでいいでしょうか …………………… 21
 5 楽しい特別活動をする工夫を教えてください ………………… 23

❷ 給食・掃除の指導
 1 野菜を食べられない子をどうしたらよいでしょう …………… 23

2　給食準備中に将棋をしてもいいでしょうか …………………………… 25
　　　3　残菜が多いと注意されたときの対応を教えてください ……………… 26
　　　4　給食のとき楽しく話をするにはどうすればよいでしょう …………… 27
　　　5　1人で3本の牛乳を飲むのは多いでしょうか ………………………… 27
　　　6　清掃指導はどのようにすればよいでしょう …………………………… 28

❸　朝の会・帰りの会
　　　1　朝、教室へ行って何を言ったらよいでしょう ………………………… 29
　　　2　向山学級では朝の会はどうしていますか ……………………………… 30
　　　3　向山学級で帰りの会をしない理由は何でしょう ……………………… 31

❹　宿題・忘れ物にルール
　　　1　保護者に受け入れられる宿題の出し方を教えてください …………… 32
　　　2　宿題を効果的に行う方法を教えてください …………………………… 33
　　　3　家では学習できない子の宿題の出し方はどうすればよいでしょう … 34
　　　4　忘れ物指導はどうすればよいでしょう ………………………………… 35
　　　5　夏休み明けにしなくてはならないことは何でしょう ………………… 36

❺　遊び・裏文化・イベント
　　　1　子どもの自主的な活動でイベントを行うには ………………………… 37
　　　2　飲食物可のパーティーの反対意見への対応を教えてください ……… 38
　　　3　「友達のよいところさがし」で見つけてもらえない子への対応 …… 39
　　　4　ギャンブル性のある遊びをどう考えればよいでしょう ……………… 40
　　　5　百人一首の指導方法について教えてください ………………………… 42
　　　6　百人一首を盛り上げるにはどうすればよいでしょう ………………… 44
　　　7　児童会の指導をどうしたらよいでしょう ……………………………… 44
　　　8　「ゲームはバカらしい」と言う子への対応を教えてください ……… 45

❻　子どもへの言葉かけ・語り
　　　1　騒がしいのを一瞬で静めるにはどうすればよいでしょう …………… 46

2　転出する子にはどんな言葉かけをすればよいでしょう ………… 49
🌸 3　虫歯を治そうと思わせる話を教えてください ………… 49
　　4　卒業式の練習で4・5年生への言葉かけはどうすればよいでしょう … 51
　　5　「やりたいことがない」生徒にはどんな進路指導がよいでしょう … 52
　　6　カウンセリングではクライアントの訴えを聞くだけでしょうか … 54
　　7　子どもに「人生を語る」ときはどんな話をしたらよいでしょう ……… 55

Ⅲ　日常の「生活指導」で陥りがちな失敗―見直しヒント

　　1　友達の心を傷つける言葉への対応を教えてください …………… 56
　　2　「ホモってる」「レズってる」を連発する女子生徒への指導……… 56
🌸 3　廊下を走らせないための指導はどうすればよいでしょう ……… 57
　　4　校則違反を繰り返す中2をどう指導すればよいでしょう ………… 59
　　5　子ども同士の呼び捨てをどう指導すればよいでしょう ………… 62
　　6　子どもの人間関係をうまくいくようにするにはどうすればよいでしょう … 62
　　7　「子どもの自由」と「管理」の境目はどこでしょう ………… 63
🌸 8　感動的に語って聞かせたのに名乗り出ない…… ………… 64
　　9　歌うときにのってこない6年生をどう指導すればよいでしょう … 67
　　10　男女仲良くなるにはどうすればよいでしょう ………… 68
　　11　女子のグループがまとまらないのですが ………… 68
　　12　持ち上がりでない6年生が思うように反応しない…… ………… 69
　　13　朝礼で話を聞いていない子はどう指導すればよいでしょう ………… 71
　　14　授業中の子ども同士のけんかの指導はどうすればよいでしょう ……… 71

Ⅳ 「いじめ対応」で陥りがちな失敗―見直しヒント

1　差別される子とする子への指導ポイントを教えてください……… 73
2　いじめられる側にも問題があるときはどうすればよいでしょう ……… 74
3　クラス内での悪口がなくならない……………………………………… 75
4　いじめた子いじめられた子の家庭への連絡はどうしましょう……… 76
5　いじめを受けているとの相談にまずしなければならないことは？……… 77
6　制服を切られた事件の対応はどうすればよいでしょう……………… 79
7　他から認められない子の指導はどうすればよいでしょう…………… 81
8　変わった言動のため疎外されている子への対応を教えてください… 82
9　グループに入れない子の指導（中3）………………………………… 82
10　グループに入れない子の指導（小3）………………………………… 85
11　仲間に入れてもらえない子の指導（小5）…………………………… 86
12　友達がなく1人でいる子の指導（中1女子）………………………… 88
13　ひとりぼっちの子の指導（小3女子）………………………………… 88

Ⅴ 「不登校解決」で陥りがちな失敗―見直しヒント

1　不登校の息子をどうすればよいでしょう……………………………… 90
2　学校に来ない子への対応（小6女子）………………………………… 94
3　登校をしぶる子への対応（小2）……………………………………… 95
4　「明日から学校を休みます」と言ってくる子への対応（中3男子）…… 97
5　私が担任でなくなったら登校してくる子がいます…………………… 97
6　母親と一緒でないと登校できない女子がいます（小4女子）……… 99
7　不登校傾向の女子の指導（小6女子）………………………………… 100
8　遅刻を減らすにはどうしたらよいでしょう（高校生）……………… 103

VI 「扱いが大変な児童指導」で陥りがちな失敗―見直しヒント

- 1 心を閉ざした子どもとのつき合い方を教えてください……………… 105
- 2 朝のかけ足が続かない子をどうすればよいでしょう ……………… 111
- 3 鉛筆が正しく持てない中1をどう指導すればよいでしょう ……… 112
- 4 言葉遣いの悪い子、友達にちょっかいを出す子の指導…………… 113
- 5 超ノロの子にどう指導すればよいでしょう………………………… 114
- 6 協調性がなくわがままな子にどう接すればよいでしょう ………… 116
- 7 整理整頓の苦手な子にどう接したらよいでしょう………………… 117
- 8 授業に集中できない子にどんな働きかけをしたらよいでしょう … 118
- 9 親に反発する中学生にどう対応すればよいでしょう ……………… 119
- 10 かげひなたのある子にどう接したらよいでしょう………………… 121
- 11 授業中に私語を繰り返す子への対応はどうすればよいでしょう … 122
- 12 万引きをした子への対応はどうしたらよいでしょう ……………… 123
- 13 行動が粗暴な子の指導はどうすればよいでしょう………………… 124
- 14 卒業文集に教師への批判文を載せてよいでしょうか ……………… 125
- 15 しつけのできていない子をどう指導したらよいでしょう ………… 126
- 16 自分の感情を抑制できない子の指導をどうしたらよいでしょう … 127
- 17 基本的な生活習慣がついていない子の指導をどうしたらよいでしょう… 128
- 18 遠足に弁当を持ってこない子への対応をどうしたらよいでしょう … 129
- 19 自己顕示欲の強い女子の指導をどうしたらよいでしょう ………… 130

VII 「荒れたクラスを立て直す」で陥りがちな失敗―見直しヒント

1　小学生から荒れていた子どもたちへの対応を教えてください……… 132
2　女子の水筒に男子3人がおしっこを入れた…… ……… 133
🌸3　「いじめ・不登校」に立ち向かうような発問とは？ ……… 133
4　A男の親から「B男がいじめている」と訴えがありました ……… 140
5　荒れた子どもたちをどう指導すればよいでしょう……… 140
6　バラバラのクラスをどう指導すればよいでしょう……… 141
7　ボスがいる荒れたクラスをどう指導すればよいでしょう ……… 143
8　ボスがいていじめのあるクラスをどう指導すればよいでしょう …… 145
🌸9　学級のルールを守らない子をどうすればよいでしょう ……… 147
10　黙って話が聞けず、時間にルーズな子をどう指導したらよいでしょう ‥ 156

VIII 「親への対応」で陥りがちな失敗―見直しヒント

1　児童を虐待する親にどう対応すればよいでしょう……… 162
2　片親等の理由を家庭訪問で聞いてもよいものでしょうか ……… 162
3　親からの贈り物をどうしたらよいでしょう……… 164
4　学校行事に児童を参加させない親への対応を教えてください……… 165
5　子どものけんかに参加する親にどう対応すればよいでしょう……… 166

――注記　🌸印は、ぜひ読んで欲しいAです。

Ⅰ 学級づくり「はじめの一歩」
ここでのつまずき―見直しヒント

Q1 楽しいクラスにするにはどうすればよいでしょう

質問の内容

向山先生は、学級経営で最も大切なことをたった1つあげるとしたら「楽しいことをすること」だと話されました。

私の学級経営は「楽しいことをする」と「管理をする」の比率が3：7ぐらいだったと、とても反省しました。

向山学級は、「楽しいことをする」と「管理をする」の比率はどのくらいですか。

A 楽しいが95パーセント、管理が5パーセントじゃないの

私の精神としては95パーセントと5パーセントです。管理することが5パーセントで、楽しいことが95パーセントだと思います。

3：7だったというのは、実際はウソでしょう。子どもから言わせたら、管理100パーセントと感じられると思いますね。

管理なんてのは、あくまでも楽しいことの付随に出てくることです、というぐらいの精神でちょうどいいのです。

Q2 新しいクラスを持ったら最初に何をしたらよいでしょう

A ノートを見る、そして算数と漢字のテスト

新しいクラスを持つことになれば、算数と漢字のテストを50問ずつやるな。これは当然ですよ。新しく受け持つんだから、前の学級がどうだったかって。後からやったら証拠にならないもんね。漢字を50問やって計算も50問やればさ。

あっ、それからもう1つ、前の学級のときのノートを全部持ってきてって言う。

先生、わかんないからさ、ノート見ます。前の1年間、どんなノートをとっていたか。1年間のノートを見れば、どんだけえらそうなことを言おうが何しようが、どうしようもない。全部出てくるんです。

Ⅰ 学級づくり「はじめの一歩」ここでのつまずき―見直しヒント

Q3 1年生が人の話を聞けるようにするにはどうしたらよいでしょう

■質問の内容

今年度、初めて1年生を担任しています。
4月当初から、「人の話を聞くことができる」よう指導してきたつもりですが、なかなかできるようになりません。
担任が話を始めても私語をしていたり、友達が発表していても聞いていなかったりしています。
これから、どのように指導すればよいですか。

■自分なりの解決策

① 「めだまバッチリで話を聞こうキャンペーン」をはる。
② 話している人の方を見て聞いている子をほめ続ける。
③ 子どもが聞きたくなるような話を工夫する。
④ 1度話したことは、子どもに聞かれても教えない。
　私は、①、②、③を続けることだと考えています。

A 先生、何すんの？ それが1年生

はい、先生が1年生に話をするようにやってみてください。
質問者：「全員立ちなさい。日付を書いた人から座ってごらん」などという話をするんですが、まず立たないので（笑）。「はい、座りなさい」「はい、立ちなさい」など言ってみんな立ってから話を始めるなどしています。
それ、普通じゃないですか。1年生っていうのは何にもわかんないもんですよ。
説明した後で、「ノートに書くんですよ。さあ、やってごらんなさい」「先生、何すんの？」（笑）それが1年生なんですよ。
あなたの1年生に対する考え方がハナから間違っています（爆笑）。

Q4 クラスをまとめるにはどうしたらよいでしょう

■質問の内容

小学校6年生の学級です。
女子がいくつかグループに分かれており、学習にせよ遊びにせよ、そのグループがもととなっています。表面的には対立していませんが、陰口などもときどき耳に入り、クラス全体としてのまとまりがありません。
また、クラス全体をまとめる力のあるリーダーも育てられていません。チャレランなど

教師がお膳立てすれば楽しく遊ぶことができるのですが、ほうっておくとバラバラです。高学年、特に女子を集団として組織していく方法を教えてください。

A それが自然じゃないですか

これでいいのではないですか。どこがいけないのでしょうか。

もし学級をまとめるのでしたら、学級全体として楽しいイベントとかそういうことをやって、そのときに仲良くなればそれでよいのだと思います。それが自然なのだと思います。

こういうことを6年生のクラスでやれば、卒業までにまとまると思います。

Q5 新卒教師が最初でぐちゃぐちゃにしないためには？

質問の内容

始業式の日、新卒教師と子どもたちが、初めて出会いました。名前を紹介された新卒教師は、受け持った子どもたちの前に立ちました。この日は、校庭で10分間話をしてお別れです。

「私について来てください」と言って、新卒教師は子どもたちをジャングルジムまでつれて行きました。

ところが、子どもたちは散らばってしまい、教師のまわりに集まりません。たまりかねて、見ていた転入生の親が「先生が呼んでいるでしょ」と注意し始めました。

この教師の指導は、どこが悪く何が足りなかったのでしょうか、お教えください。

A 向山も緊張で胃がキリキリ痛んだ

教師は子どもたちの前に立つとき、プロとして立ちます。

教師になる前も子どもたちの前に立ったことはあるでしょう。しかしそのときは、学生として立ったとか、教育実習生として立ったとかいうことで甘さがありました。その当時は、子どもを動かすことぐらい、簡単だと思っていたと思います。

しかし、プロとして子どもの前に立つのであれば、おのずと心構えは違うべきです。プロとして子どもの前に立つのだという自覚がなかったことが第一の原因だと思います。

プロとしての自覚とは何でしょうか。

それは、自分の行為の1つ1つを吟味してその行為の意味を語れることです。別の言い方をすると、自分の行為の技について語れることです。そうした行為を準備することです。これは大変に緊張することなのです。

私は、初めて朝礼台で話をしたときのことを覚えています。
　わずか数分の話だったのですが、朝礼台から降りたとき、緊張のため胃がキリキリと痛みました。立っていられないほどでした。
　子どもの前に立って何をするのか――それを胃が痛むほどに準備することが、プロとしての自覚なのです。
　初めての出会いの日です。まず、1人1人もらさずに話をしなければなりません。「私について来なさい」も、全員に伝わらなくてはなりません。この事例の場合、これさえもあやしいと思えます。
　ジャングルジムまで行きました。「先生のまわりに座りなさい」と言って座らせます。1人残らず、座らせるのです。
　次に、身体を向かせます。「おへそをこちらに向けなさい」。必ず、身体を教師に向けさせます。顔だけ向けるのは崩れやすいのです。もし、よそを向いている子がいれば注意します。「1人だけ、こちら向いてませんよ」。こうすると直接注意するより効き目があります。
　しかる後に、その日にやるべきことを短く話します。教室の位置、靴箱の位置、明日の持ち物などを説明するのです。1つだけ宿題を出すのもいいでしょう。教師の自己紹介を明るく、笑わせる中で行います。
　こうした手だてが不足していたのです。

Q6　お互いを認める雰囲気をつくるためにはどうすればよいでしょう

質問の内容

　1人1人が「～について○○君にかなわない」「○○さんは～についてよく知っている」というような雰囲気・個性を授業の中でつくっていきたいのですが、授業者はどのような働きかけをしていけばよいのでしょうか。
　現在担任している生徒に「～について知っている人？」「～を聞いたことある人いますか」と聞いても発言が少なく、だいたい同じ生徒の名前があがってしまいます。小学校のとき、できる子だけひいきをされてきたのかと感じます。

A　あくまでも知的授業をすることだ

　これはつまり、こういうことなのでしょうか。
　授業そのものが知的であり、子どもたちが一生懸命取り組んでいるということが大切なのです。
　少数派が正しかったというような逆転現象を引き起こす授業も当然その中でつく

られるでしょうし、1つの言葉だけでなくて、いろいろな角度からの解釈が、それぞれ妥当性があったというような授業がありうるでしょう。

そういったことを発言する子たちがいて、そういった授業の結果として「○○さんがこんな考え方をする」「○○君がこんなふうに考えた」というようになるのです。それは結果としてそういうことが生じてくるのです。

それを最初からそんな中身を抜きに、「○○さんは〜についてよく知っている」と言えるようにさせるというのはおかしいのではないでしょうか。要するに具体的ではないんですね。抽象的な感じです。こういうのは子どもの力が伸びないと思います。

あくまでも教師は、子どもが思い切って考えに没入するような知的な授業をするべきだと思います。その結果として、子どもたちがいろいろな考えを出し、目ざましいような解釈を示し、それを他の人たちが認めたりしていくのです。

Q7 学級目標を短時間でつくる方法を教えてください

質問の内容

学級目標を4月の新学期当初に決められません。
可能な限り短時間で、担任・学級生徒ともに納得のいく学級目標をつくる方法はないでしょうか。
以前、ＫＪ法みたいな方法でつくったことがありましたが、2時間もかかってしまいました。
「こんなクラスにしたいということを1つ書いてきなさい」という宿題を出す方法でつくったことも1回あります。

A 決めなくてもいいという覚悟を

先生が決めれば短くすみます。

「学級目標を4月の新学期当初に決められない」とありますが、これは決めなくてはいけないものなのでしょうか。

学級目標が4月にあるのに越したことはないですが、決められなかったら決めなくてもいいぐらいの覚悟があってもいいですね。

ところで、学級目標が決められないというのは、教師が決められないのでしょうか。これは、子どもたちからたくさん意見を出させて、先生が「これが一番いいね、これにしようね」「うん」ってやればいいのです。そうしたら一番速いですね。10分か15分程度でできます。これだって悪くはないでしょう。ズラーと出て、その

I 学級づくり「はじめの一歩」ここでのつまずき―見直しヒント

中でこれがいいね、これがよさそうだねって決めるのですから。

短い時間で決めたいのなら、そうすればいいのです。そしてその学級目標にあきたらなくなったら修正すればいいのです。

もちろん、何度も言うようにきちんとした学級目標があったのに越したことはないのです。でも、できないことがあれば修正することが生じてきます。短い時間に決めたいならそのようにやればいいと思います。

Q8 教師に「何でも話せるクラス」をつくるには？

質問の内容

「児童会の差別のしくみをぶちこわせ」の中で、まず遠藤という子が「俺、変だと思うんだよ」と、自分が何度も落選したことについて話し始めます。

向山先生のクラスではこのように子どもが、いわゆる、自分のしんどいことを話すことがよくあるのでしょうか。あるとすれば、それはどのような指導があったからなのでしょうか。まず教師が話すというようなことでしょうか？

A 子どもに「先生は自分の味方だ」と思われること

教師が信頼されることではないでしょうか。

何でも話せる、どんなことでも言える、骨格において先生は自分の味方だと、子どもが思うようにすることが大切です。

その味方になってくれるというのは例えば次のようなことです。

大森第四小時代に学年でイベントを行ったとき、道具をいろいろ使わせました。学校中にあるものを全部使ってよいとしたのです。「ただし、使いたいときはきちんと挨拶して持ってくること。借りた後はお礼を言いなさい」と指導しました。

しかし、このようなことをやれば絶対トラブルが生じます。これは当たり前のことです。ちゃんとしなくてもそれが子どもなのですから。そんなとき教師は頭を下げていけばよいのです。「申し訳ありません。私が至りませんで……」というふうに。それを言うのがいやだからと子どもを犠牲にして何も貸さないなんてことがあるわけです。

自分にそうやって言われるのがいやだから子どもを規制するという教師が、子どもから信頼されるはずがありません。

つまり、教師はできうる限り今言ったような条件を、ときには取り払ってあげる。そういった中から対話のある教室というのはできてくるのだと思います。

Q9　1年間だけの担任はどのようにすればよいでしょう

質問の内容

転任してすぐ6年生を担任することになりました。1年間だけで何かできるでしょうか。

A　もともと教育は1年間で組み立てられているのだ

　これは2年間の担任だったらできるというのでしょうか。それとも6年間だったらもっとよくできるというのでしょうか。

　1人の人間が6年間も子どもを担任するのは大変恐ろしいことで、私は大反対です。

　例えば有田和正先生や野口芳宏先生のようなすばらしい教師であろうと、30人も子どもがいれば中には教師と合わない子もいると考えて当然です。ですから自分が6年間も教えてしまうことの恐ろしさを教師はいつも思ってなくてはいけないと思います。

　この質問ではたぶん2年間だったらと考えていると思いますが、2年間の担任というのは日本の慣習であって国によって違います。例えば、アメリカというのは1年間です。しかも1年間だけで、4年生なら4年生だけをずっとやりますね。向山が例えば4年生の担任になったら、教師生活を続ける限りずっと4年生だけの担任です。そのような形でやっている学校制度を持っている国だってあるわけです。

　ですからこれは1年間かかって教えるということが特別なことではなくて、そんなことはよくあるということです。もともとの発想が、教育というのは1年間で組み立てられるのだということから出発しなくてはならないと思います。

Q10　きりっと締まる教室にしたいのですが……

質問の内容

子どもの関係と学級経営のしかたをお聞きしたいのです。

子どもは、私が若く話しやすいということで、日常の会話も友達に近い感じで行われています。そのせいか馴れ合いのような感じで「規律」が足りないような気がします。

どのようにすれば、きりっと締まるところは締まる教室になるのでしょうか。

A 友達みたいな関係がいいと思っている!?

先生がきりっと締まればいいんです。

若いときありがちなのですが、子どもと友達みたいなそんな関係がいいと（思うんですね）。

仲のいい関係になりますしね。でもやはり教師と子ども、教える・教えられるという形の枠組みがあるわけですから、その枠組みは教師としてしっかり守るべきです。

名前を呼ぶときなんかも、親しげに「おい、ヤス」なんてやるのかもしれません。

やはり、教師が名前を呼ぶときは「君」とか「さん」をつけるのが基本でしょう。つけない場合もありえますけれども、「君」とか「さん」をつけるのが基本だと思います。

私の恩師、私の小学校1年生のときの恩師である渡辺先生、新卒で赴任してこられました。後に茨城に帰り、中学校の校長先生をしてお辞めになりますが、この渡辺先生は新卒の当時、私は昭和25年に小学校入学ですが、まだ荒々しい気風があり子どもを呼び捨てにするのは当たり前だったんですが、渡辺先生は違ったんです。

名前を呼び捨てにされた記憶がありません。

渡辺先生は男の先生ですよ。元気で活発なスポーツマンです。

「私は、教師生活の生涯の間で1度も『君』『さん』をつけずに子どもを呼んだことはない。それから、体罰をしたこともない。1度も殴ったことはない、1度も」

息子さんが教師で、その話を聞いたのが教師になって2年後ぐらいで、「もうだめだ。親父にかなわない。俺はもう殴っちゃってる」と言っていたそうです。

Ⅱ 「学級のルールづくり」
ここでのつまずき―見直しヒント

1 係・当番などの決め方

Q1 席替えをどのようにしたらよいでしょう

質問の内容

向山先生は席替えをどのようにされていましたか。
私は月に1度くじ引きで決めていることが多いです。そして、その席をもとに生活班として活動しています。

A 条件つきで「好きな者同士」にすることも

いいんじゃないですか。様々に決めればいいと思います。

私が一番、相対的に多いのは、「ご対面」「お見合い」とかいろいろ言いますけど、「最初、みんな男の子外に出てらっしゃい。女の子だけ残って。女の子は自分の席に、自分の好きな席に着きなさい」。そういうふうにすると、女の子同士は仲良しなんか近くにできるんですね。でも必ず付け加えなくてはいけない言葉があります。そのときに、この席に座りたいという人が2人である場合があります。その場合には、「早く座った人が勝ちでなくて、その人は横に立ってなさい。横に立っていてジャンケンになります」。同じところに座った場合はジャンケンになって、そして負けた方が空いたところに座るようになる。これを全員の前でちゃんと言っておかなければなりません。このルールがないと、学級全体騒乱状態になります。

おわかりでしょうが早い者勝ちとなります。早い者勝ちを決して許してはいけません。それを前もって言っておかなければなりません。

「自分が好きなところに立って並ぶようにしなさい。ただし、一番前この席、この席に座りたいと思ったら、横に立っていいんですよ。何の遠慮もなく立ちなさい。そこはジャンケンになります。ジャンケンに勝った人は残り、負けた人は空いたところに座ります」

男の子も同じようにします。「よーい、どん」とやりますと、なりますね。次のご対面のときには、「今度は前に座った席に行けません。他の席でそういうふうにしなさい」と。

ご対面が多いですね。

好きな者同士というのも年に1度ぐらいやるときがございます。その場合も絶対の条件をつけます。クラス全体がちゃんと決まってスタンスを取ること。1人でもいやな子がいたならば、それは全部ご破算にしますと。

全体のことを考えないとクラスができないんです。ですから、力が足りないなと思う女の先生はやらない方がいいです。「好きな子と同じ席」とやったために、クラスがぐちゃぐちゃになった例は、いくらでもあります。

そのことをちゃんと統御できる、子どもたちを制御できると。私だったならば絶対言っていますが、「嫌いだとかいやだとか無理やりやる必要ない」と。「力が強い子が、何とかちゃんとこっちに座れ、なんて命令絶対聞く必要ない。そんな光景、向山先生一瞬でも見たら、この方法やらない」と。そうすると、自分のことだけを全部出すんじゃなくて、自分の心を制御しながら席を決めていかなければなりませんね。これは相当高度なんです。

「好きな者同士」というのは、どの子も満足できるようにしなければなりません。ですからあまり勧めません。

もちろん、このようにくじの場合もございます。

Q2 生活班をつくるときの決め方を教えてください

質問の内容

掃除や学習時のグループ活動のために、5～6人の班をつくって座席を決めるとき、子どもは好きな人同士組みたがります。いつもそれでは同じようなグループ編成になってしまいます。

子どもも納得し、いろいろな人とグループ活動をさせるにはどういう方法があるのでしょうか。

① 1度同じグループになった人をチェックし、1年間でなるべくたくさんの人と組むように勧める。
② 同じグループになりたいという希望を取り入れながら条件をつける（同じ人と2人以上一緒にならない等）。
③ 乱数表などで、まったくランダムに決める。
どれとは決めず、いろいろやるのがいいのでしょうか。

A 「お見合い・ご対面」もありでは

いろいろやった方がいいですね。いろいろやった方がいいに決まってます。

「好きなもの同士」と出すのなら、1つだけ付け加える条件があります。

例えば、1人でも外れる人がいたならば全部だめにするということです。子どもたちには、「無理して入る必要ない」と。これは絶対の条件です。

遠足でも何でもそうなんですけれど、乱れていくとワーッと好きなもの同士でやります。でもどこにも入っていない子がいるんです。泣いたりなんかして、かわいそうな子で。子どもたちは、「もうやった、できた」とみんなやるわけです。

だから、条件を最初に言っておかなくちゃだめです。後に言っちゃだめです。最初に必ず言うんです。そして、「入らないという子が出てきたならば、もう1回最初からやり直します」。

または、無理やり誘う子が出てきたときには、「何とかちゃんと何とかちゃんがだめだからやりません」と。

そうすると、その子はいじめられるわけですよ。そのときには、「そのことについて再度何か言ったならば、このようなことは2度とやりません」と。

ですから、この好きなもの同士っていうのは、一番最初にいくつも欠けていますね、いろんなことが。1つの例外も認めてはいけません。

私が通常学年の最初にやるのは、やはり機械的です。教師が決める場合もある。当然そうあっていいわけです。

子どもたちが好きなのは「お見合い」ですね。ご対面というやつです。法則化で広まっていきましたけれども（「お見合い」の方法は、18ページQ1を参照）。

「ご対面」が少し進化していきますと、子ども同士がわざと間違ったところに最初座りますね。子どもたち、ギャーとかやっていると、「じゃ、本当の席に座ろう」。

いろいろと進化しますけれども、わりかし「ご対面」というのは、2人だけは仲良しに全部なりますから、自分が好きな子と一緒になりたいというときには結構いい方法なんですね。

好きなもの同士というのはあんまりいい方法じゃないですね。遠足に行ったとき班を組むという一瞬の、一時の場合はありえます。

Q3 係活動のやり方で学年の先生と意見が違ってしまいました

質問の内容

現在3年生を担任しています。学年は3クラスあり、ベテランの先生2人に囲まれて頑張っています。

我がクラスでは1人1役の当番制でやっており、その他の文化・レクリエーション活動

Ⅱ 「学級のルールづくり」ここでのつまずき―見直しヒント

として係をつくっています。

1学期の終わりの学年会で他の2人の先生方から「そのようなやり方は低学年向きで、3年生には合っていない」と指摘されました。私も負けずに反論し、このやり方をなぜ取り入れているかなど、その意義も説明しましたが理解されませんでした。

あまり意固地になっても学年で浮いてしまうし、ぎくしゃくした関係になってしまいます。そのようなときにはどうすればよいのでしょうか。

私は去年の経験からも自分のやり方が一番よいと思うので変えたくありません。他の先生のやり方はどうしても取り入れたいとは思えないのです。

A 謙虚にして大人の対応がベター

変えたくなければ変えなければよいのです。

「ご指導ありがとうございます」と、お中元でも贈っておけばいいのではないでしょうか（笑）。それが実践的だと思います。大人の知恵だと思います。

これは教育の中身のことですから先輩の先生2人は意見を変えないと思います。

それを認めさせようとしても1度論議しているわけですが駄目だったわけです。黙認してもらうしかありません。強いて言えば、次のように話をしてみてもよいと思います。

「そのようなご意見をうかがい、グループでやることも考えてみました。例えばレクリエーションの場ではこのようにグループでやることにしました」

実際はそうしなくても、以前からやっていたことでもそう言っとけばいいのです。

もう1つ、もしかしたら2年目の先生ですからそのクラスがガチャガチャになっていて、そういった相談が親からいき、何とかしなくてはいけないということがあるかもしれません。そういった謙虚さは持たなくてはなりません。

そのようなことをアドバイスしてくれる裏には、もしかしたらそのようなことがあるのかもしれないと、そこを振り返ってみることも大切です。それでやっぱりいいと思えば自分の思うようにやればよいのです。

Q4 係と当番の分け方はこれでいいでしょうか

質問の内容

学級の仕事を、やらないと困るものは当番活動、やらなくても困らないが創意工夫ができて本人がやっていて楽しいものを係活動と分けて取り組ませています。

当番活動は日直・給食・清掃の3つ、係活動はネーミング自由でやりたい人が必要を感じたらつくるというような奉仕活動とし、係からぬけるのも自由にしています。

係活動をつくるときの約束として、
① 学級みんなの役に立つもの
② 自分がやっていて楽しいもの
の2つを確認しておきました。
　係活動でみんなのためにやったすばらしい活動には、常に賞讃や励ましを与えるようにしてきました。
　しかし、係の活動ぶりは係によってかなり差があります。活動が活発でない係に対しては、アドバイス等で励ましを与えてきました。
　子どものつくる係には工夫しやすいものと当番活動にかなり近いものがあります。この設定で、間違っているところ、修正がほしいところなどを教えてください。

A　教師のアドバイス力がモノをいう

　これだけですと抽象的でわからないですね。いくつかあります。
　まず、係活動をさかんにするというのは、係活動の時間帯、相談する場を与えているか、場だとかモノを与えているか、それがない以上、どれだけ口で言っても無理だということが1つありますね。
　次にアドバイス等で言うことです。それぞれの係をつくった子どもが夢がふくらむようなことを言ってやる。
　例えば普通、飼育係とか生き物係と言いましょうけども、そういった言い方で言うと「水族館」をつくろう、例えば「5の2水族館」、それをつくる活動をしようと言うと、子どもの夢が広がるわけです。
　そういった形で大きくやっていく。アドバイスの中身が問われるわけです。教師のアドバイスが貧しければ子どもの活動は貧しくなります。したがって、係の活動が貧しいということは、教師のアドバイスが貧しかったというふうに私は推定します。
　その上で、係活動というのは日常的な形で行われるわけですから、どこかでチェックしたり検討したりする場所が必要です。
　例えば1週間にいっぺんは、係からの報告とか、あるいは係への要望だとか、そういった場面が定期的に設定されていく、とこういった形をシステムとしてつくっていく必要があろうと思います。

II 「学級のルールづくり」ここでのつまずき―見直しヒント

Q5 楽しい特別活動をする工夫を教えてください

質問の内容

児童会委員会には、給食、新聞、環境、図書、放送、体育、生活学習、保健があります。活動内容は、当番的なものがほとんどです。子どもたちの創意の働く部分は、ほんのわずかです。

保健委員会の活動内容を見てみると、つめ切りよびかけ、歯磨きのよびかけ、ハンカチ・ティッシュ持参のよびかけ、水飲み場の手入れ、けが人病人の世話などです。

児童会担当として、子どもたちの創意を生かした活動内容を生むために職員会議で創意が生かせる活動を重視することを確認し、それぞれの委員会について活動例を提示しました。

今後、児童会担当者としてどんな指導をしていけばいいのか迷っています。ポイントを教えていただければ幸いです。

A 定期的な報告を欠かさないのがヒケツ

児童会担当の方からそれぞれの委員会での活動を定期的に文書で報告します。中に「新しくつくられた活動」という欄を設け、例えば放送委員会のアイデアとか放送委員会が新しくつくった活動メディア、例えば校長先生訪問とか何とかというようなことを定期的に報告します。

1か月にいっぺんという形にすれば多くの先生方の目は新しくつくられつつある分野、あるいは子どもたちの創意工夫を生かした活動分野に目を向けるようになるわけです。

大事なことは、押しつけがましくするわけではなくて、これだけの委員会があればどこかに必ずそういった創意や活動がほんのちょっとでも含まれているはずですから、そのことをご報告し、「このようなことをお願いします」というふうにお願いするということだと思います。

2 給食・掃除の指導

Q1 野菜を食べられない子をどうしたらよいでしょう

質問の内容

3年男子です。野菜が苦手で野菜はほとんど食べられません。昨年度は保健室登校ぎみ

になったこともあり、無理に食べさせることで不登校に至るおそれがあります。

自分なりの解決策
(1) そのうち食べられるようになるだろうから今は何も言わず黙っておく。
(2) 食べるように促してあげるが無理には食べさせない。この場合プレッシャーになる場合もある。
(3) 無理してでも食べさせる。

A 説教ではなく壊血病の話を知的に

　答えは(1)ですね。当然食べさせる必要ないです。よけいなお世話です。もちろん教師ですから、野菜が必要だっていう教育は必要です。そういったことを話して聞かせることも大切です。若干促すことも大切です。でも食べろとまでは……。

　ちなみに我が弟、行雄といいますが、あいつは小学校の給食のとき、ほとんどおかずを食べませんでした。

　どういうふうにしていたかというと、昔、コッペパンというのがありました。その中だけくりぬいて食べて、その中におかずを全部ため込んで、それを鞄に入れて持って帰ったんです。それで、家に帰ると犬がいましたから、毎日それをやっていました。

　これを毎日ですよ。弟の給食の食べ残し表というんでしょうか、昔、よくバツバツ（×）とかやった先生がずいぶんいるんですね。そうしますと、弟だけダントツ。毎日残してるんですから。

　それから、もう1人女の子で〇〇さんとかいう人がいたみたいですね、ずーっとバツで。そうすると、そのお嬢さんのお母さんが授業参観で保護者会なんかやっていますと、私の母親をつかまえて、"同病相憐れむ"でしょう、「行雄ちゃんもそうなのね」なんて言いながら、そのお母さんはさめざめと泣くんだそうです。うちのお袋は、そんなのどうでもいいと思っていますから。

　そんな弟でも今は元気ですよ、私と似た体型して。教師もやってます。そんなよけいなお世話なことやる必要もないです。

　再度言います。よけいなお世話だと言ったって、野菜を食べることの大事さだとかそういうことをお話してやったり、あるいはマゼランが世界1周行ったときに、ほとんどの人間が野菜が食べられなくなって壊血病になっただとか、それは教師らしく話してください。

　野菜を食べることは大切だなんてそれはお説教で何の意味もございません。教師は教師らしく知的にいろんなエピソードにもとづいてすべきです。

Ⅱ 「学級のルールづくり」ここでのつまずき―見直しヒント　25

Q2　給食準備中に将棋をしてもいいでしょうか

▍質問の内容

　　向山先生のクラスでは、給食の準備をしているとき将棋をしている子がいると聞きました。
　　それでも準備がきちんとできるのは、「将棋のこまが落ちていたら将棋を3日間禁止」などのルールが子どもからつくられるからとのことでした。
　　子どもからルールがつくられるシステムが向山学級にあるというのは、向山先生の学級づくりの大きな特徴だと思います。
　　このようなシステムをつくるポイントを2つ以上教えてください。

A　先生もあてにならない！　子どもからルールづくり提案へ

　ポイントはありません。
　私は将棋が好きですから、子どもと一緒にやっています。主として男の子です。
　そうすると、女の子にとって困る場面が出てくるのです。一番困るのは、将棋ばかりやっていて自分の配膳を取りにこないということです。取りにこないという子に対するルールが当然つくられるわけです。
　どういう形でつくられるかと言いますと、いくつかあります。例えば「班ごとに給食始めていいですよ」となります。4人の班なら4人全員がそろわないと給食始められないとなっています。
　すると、初めのうちは子どもの方が将棋をやっている子の分を取ってきてやる。「○○ちゃん、やってやるよ」「頼むよ」なんてやっています。
　しかし、毎日毎日取りに行くわけですから、しだいにいやになって「お前、行ってこいよ」なんてケンカになります。そうなって自然とある種の緊迫感とかルールとかが出てきます。それは、「4人全員がそろったら食べてもいいよ」という1つのルールがあるから、これに付随して他のことが生じてくるわけです。
　例えば誰かが取りに行ってやる。また、まず自分が取ってきてから将棋をする。将棋をする子は、自分が最初に給食を配膳してそれから将棋をするようになります。
　が、まだダメなんです。女の子にとってはこのルーズさが我慢できないわけです。
　カンカンになって女の子たちが何回も話し合って、結局どういうことをしたかというと、学級の中に「将棋係」という係をつくるわけです。女の子が将棋係になります。意図的です。
　まず「みんなでちゃんとやりなさい」とやった。それでも男の子たちはちゃんとやらない。せいぜい片付けるだけです。その次に女の子たちは「将棋係」に自らな

ったわけです、将棋ができないのに。何をしたかというと、自ら「将棋係」をやって、係のルールをつくったのです。

そうすると係の中に男の子の将棋係と女の子の将棋係がいて、すごいケンカになるわけです。そうやった形の中でルールが子どもの中にできたのです。

ですから決して将棋をやるからルールをつくろうと言ってできたのではなくて、女の子たちが怒り怒り、「男の子たちはもうだらしがない、どうしようもない。先生もダメだ、あてにならない。先生に頼んでもどうしようもない」という結果、できてきたんですね。

ポイントとしてはこういうことです。

Q3 残菜が多いと注意されたときの対応を教えてください

質問の内容

私は、給食指導で悩んでいます。残菜のことです。
私のクラスは、残菜が多いと給食主任からきつく指摘されました。
今まで私は、子どもたちに強制的に食べさせることはしませんでした。
でも、給食主任から「それは指導の放棄だ」と言われてしまいました。
この問題の対処法として次の3つの方法を考えました。
① 給食が残らないように、強制的に食べさせる。
② 栄養のバランスについて授業してできるだけ食べるように勧める。
③ 主任の言うことには一応「ハイ」と返事をして、実は何もしない。
どの方法がベストでしょうか。

A 残菜が多いのは指導放棄？

①について。これは最悪です、絶対にしてはいけない。××××××です。それに比べるなら、③の方がはるかにいいです。それは子どものことを守ることになります。そもそも給食を全部食べさせるなんていうのは論外です。

②について。②がいいでしょうが、「できるだけ食べるように勧める」、「できるだけ」じゃないんです。「もうちょびっとだけ食べるように勧めてみる」。「勧める」ではなく「勧めてみる」というあたりがいい方法です。

「指導して一生懸命やっております」とか「私なりに努力をしております」というように対応するのがいいんじゃないでしょうか。

でも、この「給食を食べなさい」という指導は今どき話にならないですね。このような教師がいるとすれば、この教師こそ教師を辞めた方がいいと思います。

Q4 給食のとき楽しく話をするにはどうすればよいでしょう

質問の内容

　子どもから、「給食のとき、先生もみんなと楽しく話してほしい」という要望が出されました。
　今のところ、私は教卓ですさまじい勢いで給食をとり（約5分）、その後宿題のチェックをしています。

自分なりの解決策

① 努めて教師から話題を提供する。
② 子どもたちのグループに入り、一緒に話をしながら食べる。
③ 子どもたちが楽しければよいので今までどおり。
　どの方法がよいでしょうか。また、この他によい方法がありましたら、教えてください。

A　短いお話を読んでやるといいのでは

　短いお話を読んでやる。これでいいんでしょう。私もそうしてましたですね。時間を短くして、いろんな仕事をせざるをえませんから。
　ただ子どもは、先生を好きなんでしょう。そうすると短いお話を、本を読んでやるっていうのが一番いいんじゃないかと思います。
　子どもが楽しみにするものですね、いろんな続き物のお話を読んでもらう。お化けの話ならお化けの話を先生が給食のとき、読んでくれる。
　何も無理して何か、「楽しい話をするよ」なんてやるんじゃなくて、そういったこと簡単にできることから、あるいは、1日1つのいいお話を何かしていってやる。成功体験物語でもいいですし、そういったことでもいいでしょう。
　そういったお話をしていってあげればいいんではないでしょうかね。

Q5　1人で3本の牛乳を飲むのは多いでしょうか

質問の内容

　私は、現在5年生を担任しています。
　私のクラスでは、当番活動と係活動を分けています。係活動は「〜会社」と、ネーミング自由でやりたい人が必要と感じたときにつくる、というようにしています。
① クラスを楽しくするもの
② みんなのためになるもの
③ 自分がやって楽しいもの

ということを確認しておきました。
　さて、1学期で20個程度の会社ができました。
　会社をつくった児童や活動をした児童をいつも学級通信や言葉かけなどで賞讃してきました。そのため、どの会社も意欲的に活動しています。
　その中の1つに「ウルトラスーパー牛乳会社」というのがあります。
　「給食で余った牛乳を飲む」という会社です。ときには、1人3本の牛乳を飲むことがあります。
　これは、健康上やはり注意しなければならないでしょうか。

A やっぱり2本までででは……

　1人3本の牛乳を飲む、牛乳株式会社がね、余った牛乳を。これは、飲み過ぎじゃないですか、やっぱし（笑）。
　2本ぐらいにしようよって、やっぱそれ言っとかないと。健康のためとかの計画をつくらせて、2本までとか。

Q6 清掃指導はどのようにすればよいでしょう

質問の内容

　向山先生は掃除をどのようにしていますか。
① 掃除のグループはどのようにしていますか。
　例えば、班ごと、名前順……。
② 掃除を効率よく行うシステムをどのようにつくっていますか。
　例えば、10人で教室掃除を行う場合、ほうきが2人、教室前廊下担当1人、残りが雑巾など。これらの役割分担は、1日交替でローテーションさせるなど。
③ 掃除の反省をしていますか。
④ 清掃指導を取り上げて指導されるときどのようにしていますか。
　実は私どもの学校では10月から「自問教育」に取り組むことに決まりました。「自問教育」についてどのようにお考えですか。

A サボるのが普通の感覚じゃないの？

　（質問者が、Qを読む前に）掃除ですね。私これ、掃除っていうのはですね、子どもたちがいやいややって、みんなさぼることにしていいと思っているんです、私は。ですからやったことありません。「それではいけない」というふうに言って、これを一生懸命やる先生もいます。大森先生がそうです。
　ですから、そういうふうに熱心にやりたかったら大森先生のご本を読んでください。

私は、さぼってそういうふうにやっているのは、自然だと思ってるんです。

3 朝の会・帰りの会

Q1 朝、教室へ行って何を言ったらよいでしょう

質問の内容

朝、教室での第一声は何と言いますか。「おはよう」でしょうか。

新任の教師は、子どもたちの前に立って何と言えばよいかわからず、しばしば立ち往生することがあります。

「おはよう」の後、授業開始前にどんな言葉、どんな話が適切なのか、具体例をぜひお教えください。

A 話は「描写」型が○、「説明」型は×

朝の行動は、平凡ではないかと思います。

私は、時刻に遅れないように教員室を出ます。教員室を出る時刻は、いつも同僚の中でトップクラスです。

教員室にグズグズしないで教室に行く。そして終了のチャイムが鳴ったら、グズグズしないで授業を終了するというのが、私のモットーです。

よく、休み時間にくい込んで授業をしている人がいますが、私は心では軽蔑しています。休み時間にくい込む授業をする人は、ろくな授業ができないと思います。

ある文芸教育の研究者はいつも30分も40分も延長して授業するそうですが、それだけでひどい授業と推定できます（見学していた人々は「これは授業ではない」と言ってるそうです）。

朝、教室に入ります。子どもがゲームなどをしているときは、そのままやらせます。

私は自席に腰をかけて見学しています。

何もしていないときは「おはよう」と元気よく入っていく場合と、黙って入っていく場合と半々です。

教室に入って教卓のところに黙って立ちます。

日直が号令をかけて朝のあいさつをします。1日の始めと終わりだけはきちんとあいさつします。身体を動かしている子がいたらやり直しをさせます。「朝のあいさつぐらいきちんとしなさい」と言って……。授業の始め終わりにあいさつはしま

せん。

あいさつがすむと出欠をとります。普通、欠席を確認するだけです。

次に「連絡」を言います。

連絡のとき、その日一番大切なことにエピソードを付け加えます。

「みんなが生まれる頃、学校横の信号で子どもが死んだのです。自転車に乗った3年生です」というように。「今日から交通安全週間です」と結びます。

私の話は必ず「描写」型の話です。説明型（お説教型）ではありません。

連絡が終わると提出物を集めます。最後に「先生あての連絡などありますか」と聞きます。個人的な連絡もあるからです。

朝の話は短い方でしょう。たぶん、全校で1、2位というほど短いでしょう。ここまで終えてすぐ授業に入ります。

Q2 向山学級では朝の会はどうしていますか

質問の内容

朝の会をどのようにされているのか、その内容をお聞かせください。

私は、「健康観察」さえもぱっと見ればわかるのだから必要ないと思うのですが、どの教室も「あいさつ・健康観察・1分間スピーチ・先生の話・今日のめあて……」などと長々とやっています。

朝の会が必要かどうか、疑問に思っています。

向山学級の朝の会を知りたいと思い、質問させてもらいました。よろしくお願いいたします。

A 5分を超えたら「長い」と思うべし！

これは年度とともに変わりますね。

朝の会と帰りの会についてですが、基本的に帰りの会はやりません。そんなふうに言うと大変語弊が生じますから、私の帰りの会は30秒程度です。連絡事項があったら、給食その他でやっておけばよいのです。

朝はやります。必要な連絡事項を明確に述べます。本日の予定や本日伝えなくてはいけないことなど、1分か1分半くらいの時間です。

ですから、ここに質問されている意味での朝の会はずっと20年間ぐらいやっておりません。

ただ、こういうことを否定はしません。やった方が意義があるという場合もあると思います。

Ⅱ 「学級のルールづくり」ここでのつまずき―見直しヒント

しかし、長すぎるのは苦痛だと思いますね。5分を超えたら長いです。

児童会や委員会活動の指導も同じです。45分を超えた指導なんてよけいなお節介ですね。子どもがいやになるに決まっています。そんなのは短くやるべきです。教師が熱心にやって遅くまで残すのは本当によけいなお節介です。

教師という仕事をする上で問題なのは、その人が未熟だということではなくて、善意で次から次へと押しつけることです。善意で次から次へと押しつけることによって、そのことがいやになってしまう子が出てくると思います。

学校で子どもを拘束するということもそうです。終わって「さよなら」をしたら、できるだけ早く帰してやりたいと思います。

授業時間なんて1分でも過ぎてはいけないのです。休み時間にくい込む授業なんてヘタクソの極みだと思います。よけいなお節介です。休み時間よりすばらしい授業なんてあるわけないのです。

そんな立派な授業をやっていますか？　それほど価値ある休み時間にまでくい込む授業をして、それでいいと思っている。

時間がきたらピタッと授業をやめるべきです。チャイムが鳴り終わるまでに終わる。私の1年間の授業の中でチャイム以降までくい込む授業は1時間あるかないかです。昔からそうでした。

でも、始業のチャイムが鳴ったら職員室では最も早く席を立ちます。

ですから、この帰りの会もそうですね。善意の押し売りや見せかけごっこです。

私はこういうのはやっておりません。

Q3　向山学級で帰りの会をしない理由は何でしょう

質問の内容

向山先生は授業の終わりとともに子どもを帰すということですが、「帰りの会」というものはなさらないのですか。

もし、そうでしたら、その理由をお聞かせください。

A　必要を感じないから「やらない」

「帰りの会」はしません。理由は、必要ないからです。

もちろん連絡その他必要なことがありましょうが、それは昼にやります。給食の時間などでやればよいのですから。

4 宿題・忘れ物にルール

Q1 保護者に受け入れられる宿題の出し方を教えてください

質問の内容

　現在、5年生（単学級）を担任しています。学期末の学級懇談会で、宿題についての要望がたくさん出されました。
　今のところ、宿題はほとんど日記だけです。そこで次の日、学級通信で以下のように自分の考えを伝えました。
　（前略）
　次のような宿題は無意味だと私は考えております。
　1つは、子どもの力を考えていない宿題です。
　宿題を出すと、それを忘れてくる子の顔ぶれと「学力」は密接な関係があります。
　つまり、宿題として出された問題自体が学力の低い子に理解できないから忘れるということがあるでしょう。
　全員の子に宿題をやってこさせるようにするには、一番学力が低い子ができる範囲で出すようにしなければなりません。全員の子どもができない宿題は出したくありません。
　次に、ねらいのはっきりしない宿題です。
　この宿題の典型が、「毎日漢字を1ページ書いて来なさい」です。
　これだけでは書かせるねらいがはっきりしません。「毎日書いてくれば何とか覚えてくれるだろう」では意味がなく、子どもにとってもやっつけ仕事になってしまいます。
　それ以上に重要なのは、教師自身の授業の力量です（私はまだまだ力不足でここのところをもっと勉強しなくてはなりません）。
　学校では、年間1000時間の授業時間があります。
　1000時間の授業時間をきちんと使って授業できないというのは一体何なのか、そこが前提で、1000時間も学習時間がありながらなおかつ宿題をさせるという、その思想は何なのかというのが第一に問われるべきだと考えます。
　それじゃあどうする？　ということになりますが、次のような宿題は有効であると考えます。
① どれだけ覚えたか、できるようになったかわかる宿題。
　　例えば、次の日にやる漢字・計算テストの問題を予告して、その練習を家でやってくるような宿題。
② 子どもが進んで取り組む自主学習。
　　ただし、これにはある程度の自主学習メニューが必要。やたらとページをうめていけばよいとならないように配慮すべきです。
③ 家族参加型の宿題。
　　例えば「家の人から何か昔話などをしてもらう」「家の手伝いをする」などです。生涯教育という点でも重要であると考えます。
　『教室ツーウェイ』（1995年8月号26頁）に書かれていた向山先生のご意見も参考にさ

Ⅱ 「学級のルールづくり」ここでのつまずき―見直しヒント

せていただきました。
　さて、そこで質問なのですが、これで私の考えは保護者の方に納得してもらえるでしょうか。
　具体的にどんな宿題を出すかは2学期に述べていくのですが、今後注意しなくてはいけない点などありましたら教えてください。

A 「まじめに対応している」が伝わればいいのでは

　ちゃんと、まじめに対応している姿勢が伝わればすばらしい。大変いいんじゃないですか。こういうふうにまじめに対応していることがすばらしいと思います。
　中身がいいか悪いかは別として、ちゃんと、まじめに対応している姿勢が伝わればいいんですよ。

Q2 宿題を効果的に行う方法を教えてください

質問の内容
　毎日出していますが、やってくる子とやってこない子がいます。いたちごっこで、毎日どうしたもんかと考えています。

自分なりの解決策
① 1週間まとめてできた子にシールをやる。
　今、これをやっています。
② 宿題を出さない。

A できた子にシールをやるはやめたほうがいい

　シールを使うというのは、最悪の方法なんです。
　これはご存知でしょうけど、シールをもし使いたいんなら、全員に必ずやらせるというチェックシール。これはありえますよ。
　ほめるためのシール・ほめるためのものっていうのは、やればやるほど好奇心・やる気が全部なくなっていく。
　中公新書『知的好奇心』という波多野里望先生の弟さんが書いた本で、例えば絵をかいたり、あるいは何か作業をさせたりする。
　よくできたらお菓子をあげる方。
　かたや何もやらない、ほめるだけの方。
　そうすると、最初に物をやる方が一生懸命やろうとする。

でも、それが1か月後、2か月後になると、物を与えた方は全然無気力になって何にもやらなくなってしまう。

何も与えないでやっていた方がずっと伸び続ける。

ですから、そのためのシールをやるっていうのは、先生の志とは反して、子どもはだんだんやる気を失ってきてしまう。最悪の方法です。

もっと一生懸命やろうとしている人は、赤いシールが10枚たまったらグリーンのシールに、また10枚たまったら銀色のシールに、なんてやっている人いるでしょう。絶対やめた方がいいです。

Q3 家では学習できない子の宿題の出し方はどうすればよいでしょう

質問の内容

クラスのK児のことです。兄が登校拒否でバイクを乗りまわしている状態です。噂では覚醒剤ということまで聞こえてきます。家で宿題をしようとしても邪魔されてできないそうです。

他の児童の手前、1人だけ特別扱いもできません。休み時間にやるように言っています。しかし、かわいそうな気もします。

どう対処すればよいでしょうか。

A 宿題をやめてしまう方がいい!!

一番いいのは、宿題なくせばいいのですよね。

宿題をなくす、かわいそうに思うのならば。そもそも学校で1000時間も授業して、何で宿題なんか出すんだ。自学なんかやって。

まあいいですよ、ちょびっとやってくるんならば。3時間も4時間もやってくる自学をああすばらしいなどと貼り出して、子どもが家でいい迷惑をしている。うちの娘がそうでした。

小学校6年生のとき。とてもすばらしい。きれいに書いてくるから、それを貼り出して。娘は有頂天になって毎日毎日やっていくわけですよ。3時間も4時間もかかってどうでもいいことを（私なんかに言わせれば）。

1回2回は必要でしょう。それを毎日やってくるわけですよ。娘は私立中学校に入りたいからと言って、受験をするということでうちのかみさん、自分で書き出したのですよ。うちのかみさん大学の教官ですからそりゃあ書けるでしょう。書こうとすれば上手に書けるでしょう、へたな字で。それが相変わらず黒板に貼り出されているんですよ。

うちですらそんなことやるんですから、向山のところでさえ。そんな3時間も4時間も子どもがやるようなことをですね、負担をかけちゃだめですよ。

　絶対に。せいぜい家に帰って10分から30分、どれだけいったってそんなところです。だいたい家の中のことまで、学校の教師が何とかしようなど僭越ですよね。傲慢もいいとこ、謙虚さに欠けます。でも先生に会えば、先生いつもどうもありがとうございますなどと言うのですよ、私でも。言うんですが内心はそうです。

　ほんとにその子のことを考えてかわいそうに思うならば、宿題をやめちゃえばよい。

　そうじゃなくて、その宿題がどうしても必要だという場合。

　例えば、学校の算数の時間にやって残りが宿題になった。それならばそのこと自体が大切なのだから、学校で休み時間にやろうねと、むしろ積極的にやればいいのです。何とかちゃんは家に帰ると用事があるんだから、全部学校でやっちゃうんだ、えらいねとほめてあげればいいのです。

Q4 忘れ物指導はどうすればよいでしょう

質問の内容

　向山学級では、「忘れ物をした人は、立ちなさい」と指導していることがわかりました。もう少し具体的に、どのように指導されているのか、ぜひお聞かせください。

A 「今日はこの残勉」なんて言ってね……

　"忘れ物を絶対させない"という方法はありますよね。100パーセントどうすればいいかというと、道具を全部学校へ置かせておけばいいんです。

　道具を全部学校へ置かせておけばいいというので、そういうふうにした図工の先生がいらっしゃいました。この先生は、昔の早稲田を出て、横河電気という大きな会社に入って課長さんになって、2、3年でいやになって学校へきた大変自由人でした。

　学校に全部道具が置いてあるんです。それどころか子どもにもたくさんそろえてあるんです。学校予算で全部それを買うんです。で、絵がとてもいいんです。子どもたちは図工の時間、大好きなんです。

　ですから、忘れ物の検査とか忘れ物をさせないということは、今言ったような思想になることが大事じゃないでしょうかね。

　それを「学校に置いておいてはいけません」「持って帰りなさい」「しつけのうち

です」なんて……。

　私はああいうのよくわかりませんね。私は、『持ってこない』ということに異様に執着するのが嫌いなんです。ほとんど執着しないんです。

　例えば、『名札をつける』ということがありますが、前の学校に9年間いて、名札を調べるなんてことは1度もありませんでしたね、1度も。

　そこで、そのことを前提としてちょっとやってみましょうかね。教室のつもりで例えば、教科書を忘れたとして、「今日、教科書を忘れた人、手を挙げなさい」「立ってごらんなさい」「今度のときは、ちゃんと持ってきましょうね」。"うん"とうなずきますね。「はい、座んなさい」。

　具体的に言うとこんな程度です。後、何にも言いません。

　それから、残ったり何かしたときには残ってさせるという場合もあります、正確に言うと。

　つまりですね、ちゃんとやってきた人がいて、一方で全然やらない人がずうっといると、クラスが崩れるもとでもあるんですね。

　いつもいつもでなくていいですから、例えば、「○ページまでやってない人は、残っていなさい」。放課後、教師が時間の取れるときには、「今日はこの残勉」なんて言ってね。「このページやってなかった人、きちんとやってなかった人は、終わりまでやっていきなさい」。

　これはやってましたね。ただ、今（平成8年）はT・Tやっていますので、T・Tになるとそれができないんで、それが悩みなんです。

Q5　夏休み明けにしなくてはならないことは何でしょう

質問の内容

　夏休み明けは子どもの規律が多少乱れます。「まず1つ何かをしなければならない」といったら、それは何でしょうか。

A　ピーンと張った何かをする！

　私は1学期の漢字のテストをしました。100問の漢字テストです。

　夏休み前に予告しました。夏休み明けにする漢字のテスト用紙を配って、練習しておきなさいと言っておきます。すると自分たちで練習します。そして、そっくりそのまま100問の漢字テストを2学期の一番最初に行うのです。

　それは勉強するもしないも勝手です。毎日これだけやりなさいとかも一切言いま

せん。やりますという予告だけをします。これでだいたいやるでしょうね。
　でも自信があったらぜんぜんやらないでしょうし、いろいろです。
　ピーンと張った何かをして最初を出発すればいいと思います。

5　遊び・裏文化・イベント

Q1　子どもの**自主的な活動でイベント**を行うには

質問の内容

　現在6年生を4月から担任しています。
　私の学級では奉仕活動的な係制度はやめ、文化創造を目的とした活動グループをつくらせ、自主活動と銘打って頑張らせています。
　私がそうした理由は「自立を促す」ためです。
　活動の核として新聞発行。イベントを行うこととして当初に具体的なマニュアルを示して指導しました。ところが自主活動とは言うものの、私の促しによって活動が起こることが多いのです。私の理想は子どもたちが活動を楽しめるようになることです。
　私の理想を学級の子どもたちと実現するためにはどのようなステップを踏まなくてはならないのでしょうか。

A　教師自身がどこまで夢を描けるのかが勝負

　「奉仕活動的な係制度はやめ、文化創造を目的とした活動グループをつくらせ」たのは、すばらしいことなのですが、私は〈奉仕的な活動〉があっても当然だと思っています。これは、あったらいけないということではなく、むしろ奉仕的なことを全体の中でやるべきだと考えます。つまり仕事のある部分を受け持つということです。
　それ以外に、子どもたちの自主的な活動をする部分をちゃんと準備するという方が素直ではないかと思っています。
　いずれにしてもそういった方向を持つことはいいことだと思います。
　「私がそうした理由は、自立を促すためです」、これについては賛成です。また、その後に言われていることもそのとおりだと思います。
　学級で行われる様々なイベント活動は、教師の頭に描いた像以上にはなかなか進歩しません。先生方の自分の頭にある映像がここだとすれば、その枠内に留まらざるを得ないのです。それ以上に広がるなんてことはほとんどありません。
　ですから、教師自身がどこまで夢を描けるのかということが大切なのです。また、

夢を描けるということは覚悟するということと一緒です。

例えばずっと前、大森第四小学校で5年生全体として「6年生を送る会」のイベントを企画して、そこでいろいろな出し物などをやりました。お母さんたちに手伝ってもらって焼きそばやら何やら出てきて、高校の文化祭のような感じで行いました。

そのとき、子どもたちに「使いたい道具は学校にあるものなら何を使ってもいいです」と言いました。普通は、教室の中だけにあるものとか、あるいは体育倉庫のものならいいとかならよくあることですが、私は何でもいいとしたのです。

ですから当然子どもたちは校長室に行って、「校長先生、校長室にあるソファーその他を全部貸してください」と交渉を始め、校長先生も「けっこうです」と言い、全部持って行きました。

そのとき、教師の頭の中に校長室にあるものまで全部使っていいという映像がなければ、そういったことはできないでしょう。

だから子どもがする活動というものは、教師が頭に描いた映像、(そしてそれを教師は覚悟しなくちゃいけませんが、そのためのトラブルや困難、ちょっと大変だなということがあるかもしれませんが) それ以上には出ないということです。

次に、この中に新聞発行・イベントと並べていますが、これはジャンルは別です。新聞発行というのは子どもたちがやっている活動的なものの1つです。イベントというのはお別れ会だとか全員で何かやったときの打ち上げパーティーだとか、そういう形で行われることです。ですからこれらはジャンルが別です。両方の種類をやるというのならこれでいいと思いますが。

そういったことの活動の手がかりの多くは教師が持っているのが当然だと思います。子どもは経験するうちに1つ1つこういうこともできるのだとわかってくるのです。こんなのはそれこそ1年間くらいやっていれば少しはできるようになってくるかなと思っていればいいのです。

Q2　飲食物可のパーティーの反対意見への対応を教えてください

質問の内容

飲食物持ち込み可のパーティーをしたいのですが、なかなかできません。
「子どもが学校にお菓子などを持ってくるようになる」、「食中毒にでもなったらどうするのか」、「『○○先生はお菓子を持ってきていいと言ったのに、□□先生はダメだと言うからいやだ』と子どもが言ったらどうするのか」などの反対意見があります。
このような反対意見にどう答えたらよいか教えてください。

A まじめすぎるのは → 想像力の欠如！

　このような質問をされる方はまじめすぎるのです。したがって創造力に欠け、やれることもやれなくなってしまうのです。
　これは、やるときはやってしまうのです。やってしまってから、その後でご意見を聞いて「ああ、そうですか。申し訳ありません。次は注意いたします」って言えばいいのです。やる前に言ってしまうからいけないのです。
　教師が頭に描いて、これは実際に可能かどうかおわかりになるでしょうから、それからいろいろなことが生じてくることについては、後は覚悟の問題です。やってしまってから、「ああそうですか、いけなかったんですか、なるほど、次から注意します」って言っておいて、他の学校に転勤したらまたやればいいのです。こういうパーティーは、建前からすればたぶんダメだって言うに決まっています。
　私はいろいろな形でやったことがあります。教室でやったこともあります。小方シズ江先生、西川満智子先生なんかと受け持ったときには、体育館で壮大にやりました。お母さん方が料理を1人1品ずつ持ち寄って山ほど並びました。好き勝手食べていいのです。きゃあきゃあと喜んで食べました。
　そのときは、やってしまってから校長先生に「お母さんたちがパーティーを体育館でやっています。どうぞ来ませんか」って言ったら、校長先生はやって来て一緒に食べていました。他の先生たちが文句言ったりするので、「先生たちもどうぞどうぞ一緒に祝ってください」と言って一緒に食べました。
　それが終わった後、「新学期始まってあんなのやっていいのか」、「食中毒を起こしたらどうするんだ」って出ました。「それはそうですね。次からは注意します。もうやりません」と言っておきました。1学年に1回やればいいのですから。
　これでどうしてもだめなら、私ならあの手この手を考えます。学校でいけなかったというので、こんどは地域のお楽しみ会などで5か所か6か所、グループでどこか1軒を借りていただいてそこに何かを持ち込んでやります。先生はたまたまそこに訪問したというふうにします。
　これは学校ではなく、外でやることですから大丈夫です。

Q3　「友達のよいところさがし」で見つけてもらえない子への対応

質問の内容

　「お別れパーティー」を企画しました。

その中に、「友達の宝を見つけよう」というプログラムを入れたいと思います。しかし、1つも宝を言ってもらえない子が出ると予想されます。
そこで次のような配慮を考えました。
① 「友達の宝をさがそうキャンペーン」として、1週間の期間をとる。
② あらかじめ手紙を書かせ、書かれない子を把握する。
しかしそれでも、なかなか書かれない子がいました。
この企画は、どこかに無理があったのではないかと思います。
問題点を指摘していただければ幸いです。

A　その子の立場に立って考えれば

ある子に対してよさを見つけようという場合に、たくさんの数をやればいい。たくさんやれば何枚か必ず来るようになります。たくさん書けばどの子にも行くという形が1つありますね。

しかし、どうしてもあの子はいやだ、嫌いだということはあるわけです。そういうときには、例えばやり方を工夫して子どもの名前をあらかじめ書いておく。あらかじめ書いておいてその名前を配る。それで書かれた名前の子のいいところを見つけようという形にするといいのです。

例えば、遠藤真理子なら遠藤真理子っていう名前が10枚不定期に配られて、他の子から見てその子のよさを書こうというわけです。このようにやり方を工夫すればいいわけですね。

その工夫が足りないわけです。教師というのはやはり、工夫、アイデアが足りないのです。こういった場合には先生が、「もしも自分が1枚ももらえなかったらどうするかな、そのとき先生にどういうことをしてほしいかな」というふうにその子の立場になって考えてみるといいんですね。

Q4　ギャンブル性のある遊びをどう考えればよいでしょう

質問の内容

学級でメンコがはやっています。家でも友達同士で遊んでいます。
しかし、保護者会で「勝ったら相手の札がもらえるという遊びは、ギャンブルにつながるので規制してほしい」という意見が出ました。
メンコという遊びは、勝つと自分の枚数が増えるから、それを励みに練習するのであり、そうでなければ楽しさが半減してしまうと考えます。
① メンコのギャンブル性についてどう思われますか。
② 向山学級ではどのように遊ばせますか。

A　学校ではダメだけれどもネ

　メンコというのは学校でやる教材なのでしょうか、遊びなのでしょうか、よくわかりませんね。
　私は学校で物のやりとりをするというギャンブル性をもったことはできるだけ少ない方がいいと思っています。
　ただ、ギャンブル性のある遊びは子どもが経験する必要があると思っています。しかしこれは学校の外で経験すべきことでしょう。
　この20年来くらいの遊びの中でいろんなものが減ってきました。学校からなくなったものの中に鬼ごっこ類の遊びと陣地取りと言われる遊びがあります。Sケンだとか宝取りだとかです。これも壊滅状態に近いです。
　もう1つ、町中からなくなっている遊びにギャンブル性のものがあるのです。取ったり取られたりという遊びです。
　この取ったり取られたりというのはけっこう教育作用をもっているのです。そのことを教育界では言いませんけれどもおもちゃ業界では言っていまして、10年くらい前でしょうか、埼玉県で大手のあるおもちゃ屋さんが100円くじというのをやりました。100円で買えるくじでいろいろなものが当たったりするというものです。これは大ヒットになりました。みんな買いに行きました。一種のギャンブルです。
　ですから、ギャンブル性ということは、小さいときにそれなりの形で学んでおくことや経験しておくことが大事だと思っています。
　今あるのはお祭りくらいでしょうか。お祭りの中で何かを引いたりしてやるくらいだと思います。
　ただ、これは学校で推薦してやるようなことではないと私は思っていますので、他でやればよいのではないでしょうか。
　サッカーくじというのがあります。松浪健四郎さんが仕掛け人の1人ですから、法則化セミナーの折にそのことについて話をしました。
　松浪さんは次のように話されました。
　現在大学でスポーツ関係の内容の授業をしている。その授業をしている中身のほとんどが健常な子どもを相手に教えるものである。本来ならもっと教える場面があるのではないか。
　例えば介護ヘルパーだけでも20万人も40万人も必要だと言われている。あるいは老人スポーツのインストラクター、障害者スポーツのインストラクター、そういったことがもっともっと必要とされる。また、そういった制度をつくるべきだ。そういった制度をつくるときはお金が必要だ。どこからも財源がないので、しょうが

ないからJリーグのサッカーブームに乗ってサッカーくじを考えた。

　本来全部をそういったことに使うはずであったのに半分を他のことに使うということになったので、話がわからなくなった。

　そういった方向をもしつくるのであったならば、賛成していいと思いませんか。

　少なくとも視点が違うと思います。老人スポーツ、障害者スポーツ、介護ヘルパー、こういったことを具体的につくっていく。そのための財源の1つとなる。

　だから、くじだからいけない、ギャンブルだからいけないということにはならないと思います。ギャンブルといってもサッカーくじは宝くじに近いですから。

Q5　百人一首の指導方法について教えてください

質問の内容
　百人一首をどのように教えていますか。指導内容を教えてください。

A　教室で教えるときの指導の流れは

　読者のみなさんはクラスで百人一首をされていますでしょうか。

　私は百人一首の指導を絶対にすべきだと思っています。これほど、教えているときも子どもから喜ばれ、親からも感謝され、卒業された後々まで役に立って感謝されるものはないですね。

　私のすべての教育の中で百人一首が一番わかりやすいと思います。

　これは100枚の札で教えるのは大変です。1ゲームやるのに40分も50分もかかります。だからいやになってしまうのです。

　私たちの開発した「五色百人一首」は、五色に分けてありますから1つの色で20枚ですね。20枚を源平合戦で向こうとこちらに置くと自分のところに10枚ですね。約10枚取ればいいのです。すると1試合やるのに2分か3分です。2分か3分だと好きな時間にできるのです。朝の時間でもできるし、帰りの時間でもできます。

　指導の仕方ですが、次のように行います。

　「百人一首をやります。自分の前に並べてごらんなさい」

　「これはカルタとほとんど同じですが、カルタと違うところは読み始めのところを取るのではなく、下の句のところを取ります」

　「2回、最初は3回、繰り返して読みますから、繰り返して読む札を取ってごらんなさい」

　読み手ですが、これは絶対、先生がいいですね。我流でいいです。ただし朗々と

していることが大事です。つっかえつっかえ読んでいると、百人一首のおもしろさは出ないのです。

　1枚読むごとに細かなことを教えていきます。

　最初は「下の句のこの言葉を探すんだよ」、次の札を読んだ後は「ハイッと言って取るんだよ」、次に「札の上に手を置くようにするんだよ」、「同時に手を置いたときにはジャンケンをしなさい」というふうにやっていきます。

　1つ1つ教えながらやっていくと、10分か20分でだいたい覚えます。やり方がわかると強くなりたいですから歌を覚えたくなります。すると1首だけ教えます。

　私が自分のクラスで教えるのは「たむけやま……」という歌、おわかりでしょうか。「向山」と書いて「たむけやま」です。

　「このたびはぬさもとりあえずたむけやま……」という歌ですが、私は向山（むこうやま）ですので、次のように読みます。

　「このたびはぬさもとりあえずむこうやまもみじのにしきかみのまにまに」

　このように覚えやすいのからやるとすぐに覚えます。

　五色百人一首には裏に上の句が書いてありますから、試合中に裏返して見てもいいことになっています。すると無理なく覚えていきます。

　百人一首を始めると、「今日も百人一首やろうよ」と毎日のように百人一首コールが起こります。それほど子どもたちは熱中して喜んで楽しんでいるわけです。

　中学校の場合ですと、男の子と女の子の手が触れ合うことはほとんどありませんが、これだけは競技の性質上、手が触れ合うのですね。ですから喜んでやります。

　百人一首をやらない教師がいますが、どうしてこんなすばらしい日本の文化をやらないのか不思議でしょうがないですね。

　なぜ卒業後も感謝されるかと言いますと、百人一首はいずれ中学校か高校で暗唱させられるのですね。そのときに小学校で遊んでやっていますと、苦労もなく全部暗唱できて、さらに人様よりはるかに先行していますから、いろんなことに自信を持って得意になっていくのです。

　「先生に教わった中で百人一首が一番よかったです」とよく言われます。他のことがあまりよくなかったみたいですが……。

　五色百人一首をぜひやってみてください。東京教育技術研究所で扱っています。取り札（字札）と読み札（絵札）があります。各1000円です。

Q6 百人一首を盛り上げるにはどうすればよいでしょう

質問の内容

去年、五色百人一首をしたところ大好評で、図書館へ行って百人一首関係の本を借りる子、または本を買う子が続出し、毎日百人一首タイムを待ち望んでいて、いい雰囲気になりました。

しかし、強い子と弱い子が固定してきたあたりから、百人一首の苦手な子（3～4名）から「やりたくない」「いやだ」の声が出始めました（もちろん無視して続けましたがその子たちはドンドン落ちていきます）。

どうしたら盛り上がる百人一首ができるでしょうか。その手だてを教えてください。

A 例えばリーグ戦にしては……

向山式で百人一首をやると、いちばん下の子が固定してしまって、その子がいやがるということですね。

百人一首はゲームですからやっていくとそういうことになることがあります。どうしてもそれがひっかかるならば、百人一首をやめればいいのです。

やめたくないならば、それを解決する方法はいくつかあります。

1つはリーグを逆転させてしまう方法です。例えば今までの9部リーグを1部リーグにして、1部リーグを9部リーグにして、逆にしてやるのです。いっぺんに逆になりますから、動き方が複雑な状態になっていきます。どこが強くてどこが弱いかわからなくなるのです。そのように子どもを変えてみればいいのではないでしょうか。いろいろ工夫してみてください。

私の場合、「遊び」「スポーツ」は勝ち負けがあるからおもしろいということで、みんな楽しく取り組んでいました。

Q7 児童会の指導をどうしたらよいでしょう

質問の内容

週1回、児童が司会をする10分間の全校集会があります。

全員が楽しめ、準備がやりやすいということでクイズを中心にしてきました。クイズの問題を工夫することで毎週楽しい集会ができました。

向山先生は児童集会の指導をなさったことがありますか。どんな内容をされましたか。

A　集会にはスピードとリズムが不可欠

　児童集会の指導は20年も前にやったことがあります。
　子どもたちが楽しいと言うならば今のままでいいと思います。
　ただ、私が経験してきた中では、児童集会のおよそ9割はやらない方がいいというほど悲惨な状況だったと思います。
　時間がかかりすぎる、ぐちゃぐちゃしてわからない、一部の子しか動いてないなどの欠点がありました。
　昔、私がやったのは次のようなことです。
　大きな画用紙と太字のマジックペンを1本用意して、それぞれのクラスの前に係の子をずらっと立たせます。そして、そのクラスの子が担任の先生の似顔絵を描くというゲームをやりました。
　マジックペンを持って1人が用意ドンで走ってきて、1描きだけ入れていきます。そのようにして次から次へと1人1筆ずつ描き加えて絵を完成していきます。
　待っている子はしゃがんでいて完成していくのを見ている。
　要するに、集会というのはスピーディーなこととリズムがあることが大事なのです。集会はスピードがあってリズムがなければとても無理です。
　しかも途中経過がわかるということも大事です。途中経過がわからないと集会のゲームとかになかなかなりにくいのです。「後でやります」とか「後で発表します」とかはダメなのです。
　このようなことに気をつけて行えば、児童集会を成功させることができると思います。

Q8　「ゲームはバカらしい」と言う子への対応を教えてください

質問の内容

　みんなで何か楽しいゲームなどをしようとするときに、「そんなのバカらしくてやってられないよ」と水を差す子がいます。
　そんなとき、
① その子を気にせず、そのまま進める。
② 「どうしてそんなことを言ったのか」と理由を聞く。
③ 「みんなが楽しくやろうとしているときに何を言ってるんだ」と注意する。
④ 何とかその子が楽しくできるように配慮する。
　などの方法をとっていますが、他に何かいい方法はないでしょうか。

A 入りたくて入りたくてしょうがないゲームを！

　一番大事なのはそのゲームが楽しいことです。本当に楽しい、やりたくてやりたくてしょうがないということです。

　その上で「そんなのバカらしくてやってられないよ」と言ったときに、「じゃあ、いいよ、○○ちゃんはここで座って見てなさい」と座って見せる。

　周りではみんな楽しくやる。もう、ものすごく楽しくやる。みんな熱狂して楽しくとってもいいな、ということをいやでも見せつけるわけです。

　もし入りたいと言っても入れない。どうしても入りたいと言ったら「じゃあもう2度とそんなこと言わない？」というふうに聞いてやる。

　ですからこんな、この①②③④みたいな小細工じゃなくて、入りたくて入りたくてしょうがないゲームを教師が探して持ってきてやること、雰囲気をハイに盛り上げること、それにつきます。

6　子どもへの言葉かけ・語り

Q1　騒がしいのを一瞬で静めるにはどうすればよいでしょう

質問の内容

　騒がしいのを一瞬で静めるのには、どうしたらいいのでしょうか。
　すでに騒がしくなってしまったことを想定して教えてください。

A 「号令、命令、訓令」を意識しよう

　これは、先生に権威があればいいですよね。よくわかりませんが、私が出ていけば静かになります（笑）。

　これは抽象的で話しようがないんですよ。

　例えばですね、今から10年ちょっと前でしょうか。新卒の若い男の子が入ってきて、5年生の担任。私が学年主任なんかやってました。

　その先生、「教育技術なんか嫌いです。教育は技術じゃありませんよ」。

　そりゃ、もちろん教育は技術だけじゃない。もちろんです。

　で、その先生、男の先生、元気のある体育会系なのかな、すごい元気がある。いつの間にか荒れ果てて騒乱状態になります。どこへ行ったってなります。

　子どもは最初はちっちゃくアドバルーン上げるわけですよ。先生、これしていい

Ⅱ 「学級のルールづくり」ここでのつまずき—見直しヒント

ですか。ああ、いいよ。先生、これしていいですか。いいよ。だんだんだんだんエスカレートして全然言うことをきかなくなり、あっという間に騒乱状態。約2か月ですね。

　ま、新卒の教師はほとんどそうですね。特に女性の先生は、たぶん100パーセント騒乱状態を経験していると思います。男の教師は最低で50パーセント、残りの50パーセントは暴力をふるっている（笑）。殴って静かにさせている。

　それですね、その教室に行って、補教と言います、東京では。補教行きました。
　すごいです。教室行きましたら、机の上なんか座って遊んでます。騒乱状態です、あっちこち。全然勉強の「べ」の字もないです。机がちゃがちゃ。昨日の給食の残りがあちこち落ちてる。雑巾は……。もうごみだめみたいなところです。

　私はこう入っていって。ちらっと見るだけです、みんな、こうやって。場違いなのが来たな（笑）。

　私、黙って。そいでね、これで、雑巾落ちてましたから雑巾拾ってきてね、こういうふうに（用紙を右手で持ち目の高さまで差し上げ）、これだけですね。黙ってね、ちらちらっと見るわけです。

　まず女の子が崩れますよね。何か席に着かなくちゃいけないんだ。席着き始めるわけです。少しでも机や席に着き始めると目立ちますからね、一生懸命しゃべってるのが。元気よくしゃべるわけにいきませんから。ここに立ってるわけですから、私が。

　いつの間にかだんだんしゃべるのがとぎれるようになってくるわけです。

　で、私が次に「教室の周りを見てごらんなさい。2分間時間がありますから、やりたいことをやってごらんなさい」と言ったんです。こう見回して、こう。どう見たって汚いです。

　2分間。それがみんなしーんとして、わーっとした状態になります。
　きれい。机はぴしっ。いい顔で見てるんですね。

　そのときまた、もう1つ追っかけるわけです。私、はしっこの方行きましてね。ここにテレビかなんかがあるのをどかすわけです。後ろの方に突っ込んでいろんなもの入ってる。ほじくり出して持ってくるわけです。そうすると嫌な顔するんです、子ども。せっかくきれいになったのに。

　こう言うんです。
　「もうちょっとやりたいと思う人いるでしょ。もうちょっとやりたいという人は1分間待ちますから、やりたいことやってごらんなさい」

　それはそれはすごいですよ。ほうき持ったりなんかして、だれもサボってないんですよ、1人残らず。ピッカピカになった。

で、そこから授業を始めるんですが、なぜ子どもは静かになったんですか。

●号令、命令、訓令の違い

これを教育学的に説明してください。教育学的に。

教育学的とはこういうときに使うんですね。なぜ子どもは静かになったか。

子どもを動かすには、号令というのと命令というのと訓令というのと3つあるんですよ。号令、命令、訓令は軍隊用語として使われるようになってくんですけど、意味が元々あるんです。

号令というのは、行動だけ示すのが号令です。窓を開けろ。きれいにしろ、雑巾でふけ。これが号令です。号令、言うならば兵隊が使うんです、軍隊で言うと。そういうときに発せられます。

命令は同じようで違うんです。命令は意味を付け加えるんです。意味プラス行動。教室をきれいにするために窓を開けなさい。遅刻しないように走りなさい。これが命令です。

号令と命令とどちらが子どもを賢くするか。これを実験したのがアメリカであるんですね。ちょっと実験の方法は違ってますが。等質のグループ小学校1年生ぐらい。

片一方は悪いことしたらギューン（と言って、手で押さえつけるジェスチャー）、それだけ。片一方には、いけないことしたらその理由を簡単に言うわけです。みんなに迷惑をかけたでしょ、ギューン。

1年間やったらどうなったかと言うと、一番変化があったのは知能検査。要するに号令だけやってたのはバカになっちゃった。意味を言ってた方が利口になった。

そうすると先生方のクラスの中にもあるんじゃないですか、号令だけやってんのが。元気がいい男の先生で号令ばっかりってのが。熱心に号令ばっかやってると、子どもがバカになるんです。

今言ったのは号令と命令の違いですね。もう1つ、訓令てのがあるんです。それはですね、やる方向だけでいい。意味だけを示す。やり方は相手に任せる。

ですから例えば、校長先生と教育委員会の関係なんかで、この学校何とかしたいってときに、こと細かに絶対教育委員会は指示しない。むろんこれに限らず、例えば、銀行の本店と支店長の間でもそんなこと言うはずないです。基本的な方針だけ出して後は任せるわけです。

やり方は通常将校とかそういうのはみんなそうです、幹事というのは任せる。やり方を任せる、方針だけ出して。

私が言ったのは、さっき言ったのは、周りを見てごらんなさい。やりたいことをやりなさい。ですからその3つの考え方が出せるわけですね。

やりたいことを自分がやる。ですから子どもは動いたんです。これはまして教室

をきれいにしなさいとか、雑巾がけしなさいとか言うならば、さっきのやんちゃ坊主まで動かなかったです。

Q2 転出する子にはどんな言葉かけをすればよいでしょう

A 今の学校のことは忘れさせてあげる！

一番多かったのは、この学校とても楽しかったでしょ、でも全部忘れちゃいなさい。

今までの教師生活では、そういったたぐいの言葉かけが多かったです。

あの、よくいるじゃない。教師が引っ張って、「いつまでも忘れないでね」なんて、ばかじゃないかと思うね。忘れさせてあげないとだめだよ。転校したのに、前の学校がよかったなんて、これは不幸ですよ。

Q3 虫歯を治そうと思わせる話を教えてください

質問の内容
虫歯がある子が、歯を治さなければと思う話を教えてください。
向山先生の書かれた本の中には、虫歯の治療率を上げるためには、虫歯を治そうと思わせる話をすると書いてあったと思います。

A このまま教室で使える「虫歯の話」

お説教ではだめです。
実際に、私がやったように話してみます。

> 虫歯の検査が終わりました。虫歯があるっていう人、手を挙げてごらんなさい。はい。虫歯についてお話をいたします。
> これがみんなの歯です（板書）。
> 歯の下の方はね、こうやってこうなってる。これが歯ぐき。この歯ぐきの下にね、このように歯がいっぱい入っています。
> このまわり、これはね、堅いエナメル質。世界で一番堅いような物質でできている。だからこれがある限り、みんなの歯は30年でも50年でも70年でも一

生使える。ただ、これが壊されちゃうと中はもろいんだ。あっという間にだめになっちゃう。

　みんな毎日ご飯やお菓子を食べたりするでしょ。そうするとまわりにかすがついちゃう。これは、水でやってもうがいをしても何をしてもなかなかとれない。本当に薄いのが、少し少し、少し少し毎日ついている。この上の方にもついている。そして、これが歯に穴をあけていく。

　歯に穴があくのは最初はこのくらい。これをC1（カリエス・ワン）と言う。最初の段階。神経はこう通っているから。このように通っているからまだあんまり痛くない。自分では気がつかない。大丈夫だ。でも、もう穴があいちゃってる。今年初めて歯が悪いと言われちゃった人は、みんなこういう状態。この人は歯医者に行って治すと簡単だ。

　歯医者さんはどうするかって言うと、こうジー、ジー、ジーってやって、こういうふうに鉄の固いものをつめこんでくれる。治すのに1日。1回行けば治っちゃう。治ればずーっとそのまま。

　「行かなくていいやー」なんて思ってると、これは必ず広がっていく。

　次の年。こうなって、C2（カリエス・ツー）。これは痛い。神経に触れている、さわっている。お水を飲むと痛いなー、甘いもの食べると痛いなー。これはもう2年目になってる。これほっといたって治んないよ。絶対に治らない、進むだけ。こうなっている人も、みんなの中に3人いた。

　でもこの人は治しに行って、お医者さんに行くと、ここまたジー、ジー、痛いとこちょっととってくれる。こういうふうに治して、これまたつめてくれる。まあ、3回ぐらいかかるかな。しょうがない。1年ほっといたんだから。3回ぐらい行って治してらっしゃい。

　でも、痛いのがまんして、へっちゃらだ。そのうち何とかなる。へっちゃらだよ。そのうち何とかなる。

　次の年、こうなっている。C3（カリエス・スリー）。これは痛い。ときどき歯ぐきがふくれ上がる。こうやって。膿や血が歯からこうやって出てきたりする。物を食べると……、これは痛い。

　痛いけどお医者さんに行かなけりゃ治らない。行って、ジー、ジーっとこういうふうに治して。いっぺんにできない。今日はこっちの方向。神経抜かなくちゃなんない。痛い神経を抜き、そして、これをようやっと治せたときには金属を上からかぶせる。これそうね。人によって違うけど、5回から10回ぐらい必要だ。

　まあ、自分がさぼっていたんだからしょうがない。1年に1つずつ確実に進

Ⅱ 「学級のルールづくり」ここでのつまずき―見直しヒント

んでいく。今年C1の人は来年C2、その次はC3。今年ほっといた人は来年C4（カリエス・フォー）。

どうなっているかと言うと、こうなっている。ぽろぽろ。歯が欠け始める。これはしょうがない……。抜く他ない。ペンチみたいのでね、ぎゅってやってね。麻酔をして口開けてね。歯のところに、ここんとこ、このペンチでこうやってやるんだよ。これ全部抜くの。ギィーってやって。抜く他ない。

ここまでに丸3年。うん。あのーいいよ。ほっといてごらん。こうなるから。間違いなくこうなるから。歯を1本抜かれて、隣の歯も抜かれる。

もう1回言うよ。最初はほとんどみんなC1。これ行けば1日で治る。ジーって治してくれる。もう、そのままずーっと大丈夫でしょ。ほっとけばこうなる。自分で決めてごらんなさい。

次の日、次の日、その次の日。先生行って来ました。治しました。山ほどいる。何とかちゃんよかったねー、今度行く必要ない。何とかちゃんよかったねー、何とかちゃんよかったねー、まなえさんまだやってなかったの。まなえさんこうなるねー、なんて。

どっちの方が行かなくっちゃいけないと思いますか。

向山の場合ですね、お説教するんじゃなく語ればいいんです。事実を描写してやればいいんです。説明してやればいいんです。

Q4 卒業式の練習で4・5年生への言葉かけはどうすればよいでしょう

A いちいち評価しないで淡々とすれば結果オーライだ

それぞれがそれぞれに、練習すればいいんです。全体練習なんて1回か2回やればいいんですよ。

卒業式の司会で一番いけないのは、教頭がだいたい司会やるじゃない。何もやらないで次々やった方がいいな。間に評価入れるんだよな。1年生よくできたとか、2年生よくできたとかさ。入れば入るほどだめになるな。一番淡々としたのが感動的になるんだよ。何も言わないで、次何とかやった方が本当に感動的になるんだよ。

卒業式のときさ、呼びかけやるでしょ。5、6年生の位置は、どういうの。（対面式です。）

もらってるときは？（対面式です。）

写真撮ったり、将来何になりたいなんていうことは言わない。(はい。)

そのくらいまではいいと思うんだよね。20何年か前、声も入れたことがあるんだよね。呼名するでしょ、向山洋一って。言われて2、3秒後なんだけど、そしてね、文字数にして20文字「ぼくは将来、子どもに好かれる学校の先生になりたいです」と言って流れるわけだ。

たぶんね、呼名されて校長のところを離れるまで15秒程度なんだ。呼名されて壇上まで歩いてくるまで5秒ぐらい。賞状をとるまで5秒。礼をして戻ってくるまで5秒。呼名されて3秒程度で声が流れ始める。7、8秒で終了する。それが150人程度できれば、それはすごい。

20秒だと間延びしちゃうけどね。いろいろな形があるということで。

全体としては、呼名するでしょ、出てきてしゃべるでしょ、それから動き始めるんだよ。全体としては絶対時間がかかっているから、動いてる間に音声が流れるわけだから、全然間延びしたところがないわけだよ。

Q5　「やりたいことがない」生徒にはどんな進路指導がよいでしょう

質問の内容

来年3月に定時制高校を卒業する生徒たち。
「自分のやりたいことが見つからない」という生徒に対してどのような進路指導をしてあげたらよいのでしょうか。

A　普通学級の尺度で見るなって！

これ定時制高校でしょうが、先生工業高校へ行ったことございます。(ありません。)

工業高校の各教科だとか何とか、どのようなことがされていて、どのような就職先があったかというようなことも知りませんか。(知りません。)

農業高校も当然知りませんね。

だったら、要するに先生が勉強不足だからなのですよ。だから、子どもはいやなんです。

寺脇さん、文部省のキャリアで今、医療教育の方の課長ですが日本の最高責任者です、まだお若いですけども。若いと言っても40ちょっとでしょうが。

30代後半ぐらいのときに広島県の県の教育長でした。その話をちょっとしておきましょう。

そのときに阪神・淡路大震災が起こりました。阪神・淡路大震災が起こって、広島の教育長はすぐにある決定をしました。

まず第一にですね、阪神で、兵庫県で高校の入学試験をやるなんていうふうには思わなかったわけです。彼はあんなのきちがい沙汰だと言ってました。あんな中で子どもたちに試験をさせるなんて。でも広島県の教育長はなぜかそういうことをやって、試験をやるわけですよ。

で、彼は広島のすべての高校を、100名定員のところであったら、プラス5名、要するに5パーセントずつの枠をすべてとりました。全部の校長を集めて、組合とも話し合って。

そして、その中に「被災者は無試験で入れる、どこの高校で何であれ」、というふうにしてその決定を隣の県の教育長として決めたわけです。

そして、もう1つは、障害児。

広島じゅうにある障害児を扱う子どもたちの施設その他について、学校について調査をしました。かなりの数が受け入れられるかと。

「家族ぐるみで無条件で、大変だったら受け入れる」という決定を下しました。

その寺脇さん、高校の卒業式に招かれました。このときには教育長を辞めて文部省に来ていました。

名うての広島県ナンバーワンのすさまじいまでの工業高校です。

それが、あの寺脇教育長を呼んでくれと、卒業式に。

それで、出かけて行きました。そこで話すことも決めておりました。それは子どもたちの願いでもあり、多くの教師の願いでもあったわけです。

そして、彼はこんな話をしたのです。

「あの阪神の大震災のときに、たくさんのいろいろな人たちがいた。一番被災した人たちの気持ちに残ったのは何か。それはまず電気がついたことだ。あの電気をつけたのは誰か。それはみんなの先輩たちだ。いろんなところ、軒の下など様々な所を掘って、そして電線を通して灯をつけた。それはみんなの先輩たちだったんだ」

そのような話をしました。それは卒業式で拍手喝采で、高校の先生が「そんな話をしてくれたのか」というふうに言ったのです。

その寺脇さんの話なんですよ。彼は言います。

「なぜ先生方は子どもをどの子も普通学級に行かせようとするのか。なぜ子どもを普通学級という尺度の中で見たがるのか。それだけの尺度で見れば、いわゆる勉強のできない子はいっつも劣等感を持っている。学校生活そのすべての中で劣等感を生じるじゃないか。一生懸命勉強やってできるようになる。でもそれはうそだ、

やっぱり。東大入るぐらいの学力があるとか、全然できない子がそれを越えるのは不可能に近い。でも人生というのはもっと多様さに満ちている」

いろんな職業が今やある。例えばコンピュータの最先端。あるいは、電気施設のインバータ。

工業高校もかつてと違って様々な分野があるわけです。しかもそこに行けば、今までと違って劣等感に悩まされることはない。就職先もこんなに不況と言われる時代の中でとぶようにと言うんでしょうか、就職がすごいんです。

農業高校、農業大学なんかもみんなバイオになっていますから、それはすごい最先端です。そういったところで生きがいを持ち、自分たちのこういった未来の方向に向かう。そして劣等感に流されずに生きる。

それなのになぜ先生方は、すべての子どもを普通学校に行かせ、その子を劣等感の中に閉じ込めるのか。で、初めに先生に聞いたんです。

「先生は工業高校に行ったことがございますか。農業高校に行ったことがありますか」と。

そこで、いわゆるドロップアウトした子どもたちはどのようなことを学び、どのような人生を選んでいくのか。そういったことの確信がなければ定時制の子どもたちに教えられない。ひとえに先生の勉強不足なのです。

誠実さの不足なのです。

Q6 カウンセリングではクライアントの訴えを聞くだけでしょうか

質問の内容

今年度、初めて市の初級教育相談の研修を受けています。びっくりしました。

その中で「保護者から相談を受けても決して自分の考えを言わないで、あなたはどう思うの？ と相手の考えや思いを聞くこと。カウンセリングでは相手に心情的に共感することが大切である。

即答したり、すぐにいじめなどの対応をしたりしてはいけない。すぐに対応するとかえって事を荒立てる」という意味のことを言われました。

それぞれ個人の話を聞き、共感するだけでは親や子に対していい顔をするだけであって頼りないクラスをまとめられない教師になると思うのですが。

A 60分のうち55分相手がしゃべれば解決なのだ！

そんなことございませんよ。これは研修で言われたとおりですよ。

これ、自分の考えなんか言って「相手を説得しよう」なんて思ったら何にもなら

ないですよ。そもそもお互い面と向かって「問題点を相手が話してくれたら」、それで50パーセント解決だと思いますよ。

我が子に対してもそうです。私はこれと同じようなことを親御さんに言うときには、「60分間あって自分がしゃべるのは5分でいい。55分子どもに話してもらう。

で、55分相手（我が子）がしゃべれば、ほとんど解決したも同然だ」というふうに表現しました。

こういうことです。

『ぼく、やんなっちゃった』「そう。やんなっちゃったの」

『友達ができないんだ』「そう。友達ができなかったのね」

『いつも俺のこと悪口言う奴がいるんだ』「そう。悪口言う奴がいるのか」

それで黙っているんですよ。

相手が自分の心の中から次から次へと言葉を出してくる。その上で聞いてやって、そしてその上で対策を考えばいい。それはカウンセリングの基礎的な、当たり前の常識なんです！

Q7 子どもに「人生を語る」ときはどんな話をしたらよいでしょう

A 勤勉、素直、努力、感謝して生きると幸運の神が……

そんなにはないんだけれども。

子どもは成功していくことを願うから、脳の話をするときがあったりだとか、成功するまであきらめてはいけないだとか。でも成功する人間は決まっているじゃないですか。勉強が好きで、素直で、努力して、感謝して生きる子。これは世界共通だな。逆がだめなんだよ。勉強はしない、素直じゃない、人の悪口ばっかり言っている。これはね、幸運の神様から見放される極めて簡単な方法だな。それはね、日本であろうとヨーロッパであろうと中国であろうと同じだな。なんで素直が大事かっていうと、素直な人間には人が言ってくれるんだよ。これやったらどう、これはいいんだよ、といろいろね。それが、「そんなの知ってます」とか言えばさ、言いたくなくなるよな、せっかく親切に教えてやってるのにさ。とりあえずは「ありがとうございます」と言っておけば、これからも教えてやるのにさ。そうすればたくさんの情報が入ってくるんだよ。

で、人の悪口を言っている人間というのは自分が絶対正しいと思っているのだから。でも一応、自負は必要だよ。そうだったら自分が成長するわけがない。

Ⅲ 日常の「生活指導」で陥りがちな失敗—見直しヒント

Q1 友達の心を傷つける言葉への対応を教えてください

質問の内容

子どもの心が解放され比較的にリラックスした時間に友達の心を傷つける言葉を言うことがあります。厳しく指導したいのですが、せっかくの楽しい雰囲気を壊すのもどうかという迷いが生じ、なおざりになることも多々あります。

自分なりの解決策

① いかなる状況であっても許せないことは許せないこととして厳しく追求する。
② 許せないことの基準を明確にして、どうしても許せないことであれば注意する。
③ 次回同じようなことがあったら注意する。
　①〜③のうち、私は②か③を選択します。

A　正義感が強く全部やろうとするとかえってダメになる

　これは、②か③を選択していれば、これでよろしいんじゃないでしょうか。これも方向目標ですから、その場その場で100パーセント解決していくということじゃないんですね。
　正義感が強くて、これを全部やろうとすると、かえってだめだというのは、学校教育でけっこう出てくるんです。
　ですからそういった方向を持ちながら、1人1人を見ていけばいいんです。

Q2 「ホモってる」「レズってる」を連発する女子生徒への指導

質問の内容

その女子は、男子たちがじゃれあっていると「ホモってる」と言います。女子たちがじゃれあっていると「レズってる」と言います。
　少なくなるように努力はしています。より効果的な指導法を教えてください。

A　そんな言葉はやめなさいと毅然として言う

　「レズってる」というような言葉の使い方は、年頃の子どもにはあることでしょ

うから、本気になって全部解決しようとしないことですね。

教師というのはまじめですから、どの問題やっても100パーセント解決しようとする。その100パーセントやろうとすることが、全然こう、結果としてだめになっていくということがたくさんあると思います。

俗に「目標」とか「めあて」と言いますが、2種類ございまして、1つは「努力目標」。

例えばですね、「全員素敵な人になろう」と仮にしたとします。ここは素敵になったかどうかわからないし、本当になるかどうかもわからないですが。

でもそうやって方向を向こうとすると明るいでしょ、明朗な人になる。それは努力しようという方向を示したので、「方向目標」「努力目標」と言うんですね。ところがそれに対して、「全員25メートル泳ごう」と、これは全員なってもらうわけですから、「到達目標」と言いますね。

「目標」の言葉の中には、必ず到達させるという方向と、努力していくという方向と2種類あるんですよ。その努力していく方向の内容を、到達目標と同じように、必ず全部しなくちゃならないと思うと、そっちの方がトラブルが生じてくる。

ですからこれはもちろん、きちんとした、ちゃんとした言葉遣いがあるんでしょうけども、それは先生もおっしゃっているように、そういったときに「そんな言葉遣いはよしなさい」と毅然と短く言う。言い続けることぐらいでいいと思いますね。

Q3 廊下を走らせないための指導はどうすればよいでしょう

質問の内容

行く学校が全部異常なのか、それともほとんどの学校がそうなのかわかりませんが、休み時間になると廊下を走る子が多いのです。

A 目標というのは2つありまして……

私、書いている本人、先生の方が異常だと思うんですが。先生の方が。行く学校が異常だとは思わないんですが、そこらあたりをちょっとつめなくちゃ。

先生ね、例えば廊下を走らなければならない学校があったんです。知ってますか。（わかりません。）

想像してみてください。（特別な学校でなくて……。）

もちろん特別な学校ですね。必ず走らなくちゃならないって学校があったんです。結構、先生も知っている名前の学校です。エリートの学校ですよ。今で言えば東大

に入れるか入れないかぐらいの学校ですけれども。海軍兵学校、陸軍士官学校は廊下を走らなくちゃいけなかったんですよ、走れです。

この走るってことに対して、走るなじゃなくて、このように走りなさいと指導した校長がかつているんですけれどご存じですか。（わかりません。）

斎藤喜博っていう校長先生です。どのように指導したか知っている人いますか。

静かに走りなさい。迷惑がかからないように走りなさい、ですね。斎藤喜博っていう大校長でしたけれども、子どもたちに指導したときにですね、迷惑がかからないように静かに音を立てないで走りなさい。

これが日本でその当時一番すばらしいと言われた学校なんです。という学校もあるんです。あるから、走っちゃう子どもに対して異常だと思うのは、きっと先生が潔癖性だったり何かあるんだと思うんですけれど。そちらの方が異常だともしくは思っているんでしたら、先生の方が異常だということなのですね。

明治5年の学制発布以来、こういう廊下を走るなというような規則は昔からあるんですよ。

で、先生が学校でやっているいろんなルールの中から、もしか5つだけ取り上げるとしたらばどんなルールです？　これと同じようなたぐいで。例えば、給食の前に手を洗おうだとか。そんなことをひっくるめてですよ。そんな、ごくごく簡単なことをひっくるめて5項目選ぶとすれば……。例えばチャイムが鳴ったら教室に入ろうでもいいんですよ。何でもいいんだ。靴箱に靴をちゃんと入れようでもいい。

今から20年以上前、調布大塚小学校の生活主任をしていたときに、様々なめあてに対して検討したことがあるんですよ。毎月、毎週、子ども用のルールです。

そのとき2つの原理をつけました。1つは出す目標が可測的であること、つまり測定可能であるかということです。例えば、元気で遊ぼうというのは測定できませんから入れません。元気であるかどうかというのはわかりませんから。放課後まで遊ぼう、これは測定できますから入れます。あるいは、週に1度クラスのみんなで遊ぼう、これも測定できるから入れます。

つまり可測的、可能な測定。目標というのは可測的であるべきだというのが1つですね。

もう1つは行為行動がともなう、つまり心がけだけじゃない、実際の具体的な行為まで表現する。その2つの目標を決めるんです。

そして先生方全体で、今言ったいつもいつも同じような手順で繰り返される行為の中で、本当に調布大塚小学校の1年生から6年生卒業させるまでに必要な5項目を選びました。必須5項目です。その中に、手を洗おうだとかあるんです。その中に廊下を走るは入ってこないんですね。うちの職員の中では。

それは毎年4月の年度当初から5週にわたって指導するんですよ。その5つは、毎年毎年、年度始めのたび繰り返されるんです。つまり、そのように学校の中で目標とは何なのか、条件とは何なのか、全体として押さえるべきことは5項目だとか、年度の最初にやろうだとか、学期のはじめに2個ずつ散らそうだとか、それはどうでもいいんですよ。
　そういったことでシステムとして全体を動かしていくということですね。その中でたぶん廊下は出てこないと思います。私はもっとずっと後に入るだろうと思うんですね。ですから、全体としての指導の問題ですから、今言ったことはした方がいいと思いますね。
　もう1つ言います。目標っていうのは2つありまして、1つ目は今言ったように測定可能な目標ですね。到達目標とか達成目標と言いますね。
　それに対して、例えば全員平均点95点以上になろうなんていうのは、教師としての到達目標です。
　みんなが算数できるようになろうだとかみんなが算数おもしろいようになろうだとかいうのは到達できるかどうかわかりませんから、それは到達目標とは言いませんね。そういった方向で努力しようですから、努力目標とか方向目標と言います。
　つまり目標という言葉を使っても、それが到達目標であるのか努力目標・方向目標であるのかによって教育の仕方が全然違ってきます。

Q4　校則違反を繰り返す中2をどう指導すればよいでしょう

A　線引きは、「人様に迷惑をかけない」

　うちの娘、マニキュア変だったな。スカートもひどかったな。だぶだぶの何かやってたな。髪染めてたな、
　ふふ。これ、いけないんですか。
　これ、万引きは別だ。これだけは全然別だ。
　これが同じに書いてある（並列に書いてある）ということがわからない。信じられないな、私には。
　わが娘のことを言います。
　中学校入ったその日に、帰ってきて「お父さんピアスつけていい？」って言う。
　私カンカンになりましたよ。中1の、入ったばっかの娘ですよ。
　「冗談じゃねえ！　高校生じゃあるまいし！」とカンカンになって言いました。

そしたら「わかりました」と引き下がったんですよ。親の言うことをよく聞いていい子だなと思ってたんです。
　高校に入りました。高校の入学式に行って次の日か、その次の日だったですが、ピアスをつけてきました。ピアスも順々に1個じゃないんですよ。こちらが1個、こちらが2個。
　「何でだ？」って聞いたら、「お父さん、高校生じゃあるまいし、って言ったじゃん」。
　それからですね、髪の毛が変わるんです。これがすごいんです。毎日変わるんです。真っ茶っ茶とか真っ黄色とか、いろんな色でさ。友達も連れてくるんですよ。で、友達が我が家に泊まっていくんですが、みんな色が違うんです（ハハハ）、6、7人。いい子たちなんですよ。いい子たちでね、青山学院付属なんですけどね。
　たぶん中学校から入るとき一番難しいんじゃないか。慶応の付属と同じくらい。偏差値72、3だろうと思うんですけれども。筑波大付属より難しいですね。
　で、入ってきて3年いる間にただのアホウになるんですけども。
　ま、それはいいんだけれども、今言ったみたいに真っ茶っ茶とか。で、話せばいい子なんですよ。1年ぐらいですね、続いたの。
　ルーズソックスは中1のときちょっとやって終わって、もちろん娘とけんかしますよ。
　娘にそんなのいいなんて思っていませんよ。私見るだけで気持ち悪いですから。女房もけんかします。しかしです。
　いや、人様に迷惑をかけていないのになんでいけないんだ。どこがいけないんだ。私はやりたいんだ。と、駄目だったですね。
　女房ともけんかしまして、私すげえなあと思いましたね。娘尊敬しました。私世の中で誰が怖いかと言って、女房なんです。私、女房と口げんかして勝てると思いません。もう、言う前からごめんなさいと言いたくなります（爆笑）。
　その女房に、娘は口げんかを挑むわけです。女ってすげえなあと思いました。
　波多野里望先生も、校則その他の研究会を一緒にやりました。
　彼は国連人権委員ですし、児童の権利条約その他についても国連が制定するときにかかわった1人です。
　彼は「こんなのは何でいけないんだ」と言うんですね。学習院なんか真っ茶っ茶なのたくさんいます。篠沢教授の息子は男なのに真っ黄色のこんなので歩いているんです。
　要するに線引きをどこでするのかということになれば、『人様に迷惑をかけない』ということの線引きなんです。

Ⅲ　日常の「生活指導」で陥りがちな失敗─見直しヒント

　もちろん、そういったことをやって、そのことがうつっていったり、結果として悪い方になる。それはよくわかります。そういったことがあるということは。
　ただ、自分の倫理としてどこで線を引いていくかということは。教師には必要ですね。
　で、この場合万引きは全然別ですよ。
　これは社会的に、犯罪行為です。
　このことと、また人様に迷惑をかけちゃう、これだったら話はまた別なんですよ。だから先生の中からそれを分ける必要があるんだと思いますね。
　で、この子は「私に構わないでください」と言うんでしょう？
　コミュニケーションや指導が十分にできない？　いいんですよ。中2だもの、ほっとけばいいんじゃないですか。
　いやですか？　ほっとくの。いいんですよ、気を楽に持って。子どもはたくさんいるんですから。
　ただ、先生が悪意を持っちゃだめですよ。悪意を持つというのはこの子に伝わっちゃいますから。この子はこの子でやっている。
　もしかしたらこの子は20年後に会ったら一番成功しているかもしれません。そのような可能性があるから人間というのはすばらしいのです。
　ただ万引きは絶対指導しなければいけません。だからこれは分けて考えなくてはいけないことだと思います。
　あ、もう1つ考えました。
　犯罪のことだったら、先生がご自身だけで考えるのではなくて、もしか万引きをしているなら警察に少年係もあるでしょうし、それから保護司とかもあります。民生委員かもしれません。先生ご自身だけじゃなくていろんなかかわりが必要なんですね。
　そのようなネットワークをとるためには、学校でルールがあってしかるべきだと思うのです。学校の中でそういった場合にはどうするか。
　つくられてなかったら、先生がご提案されて「このような場合はどうしたらいいんでしょうか」「どのような文書になっているのでしょうか」というふうに学校の方針を決める必要があると思います。

Q5 子ども同士の呼び捨てをどう指導すればよいでしょう

質問の内容

向山先生は、子ども同士の呼び捨てについてどう考えますか。

私のクラスでは、3分の2は「ちゃん」「さん」「君」をつけて呼び合っていますが、残り3分の1の子は呼び捨てで呼び合っています。

今まで見逃してきましたが、見逃してはだめなのではないかと思うようになってきました。

先生のお考えをお願いします。

A 悩むような問題じゃありません！

悩むような問題じゃありません。いいじゃないですか、そんなこと。

何度も言いますが、教師はちゃんと「さん」「君」つけて呼ぶ、教師は。

あとは、「さんとか君つけようね」というぐらいなことを、1学期にいっぺんか、1年にいっぺんか、そのぐらい話せばいいですね。

Q6 子どもの人間関係をうまくいくようにするにはどうすればよいでしょう

質問の内容

23人中女子が6人で、「あの子がにらんできた」など報告に来ます。大ゲンカをして、授業中もお互いがどなり合ったりしてさわがしくなっていました。周りの子もそれに輪をかけることを言うので、メチャクチャになってしまいます。

自分なりの解決策

子どもの話を聞いたり、日記に書いてきたことを読んで返答したりしている。「友達にいじわるをするといじわるが返ってくる。人にやさしくするといつかきっと戻ってくる」という話をしたりしている。

A 楽しい授業・楽しい活動が解決への近道

話をして解決するなら教師はいらないですよ。

先生が一生懸命話を聞かせて長い時間やればやるほど、解決しなくなりますね。「あの子がにらんでる」「あの子が何かやってくる」というのは、日本中どこでもあるんです。そのときは、「そんなことないでしょう。本当にそうだったら、今度先生、何か言ってあげるから。みんなに聞くから」って言ってやって。

今言ったみたいに子どもたち全体で解決するときには、全体に言った方がいいですよ。「みんなの中には誤解があったり、あるいは本当にやっているのかもしれないけど、そんなことがない教室にしようね」ぐらいでいいです。
　それをいちいち聞いて「こうしなさい」「ああしなさい」とやればやるほど、ぐちゅぐちゅしてきますね。
　これも、みんなでやって楽しい遊びだとか、いろんなことを先生が教室の中でやれば、「みんなでやった方が楽しい」ってことをわかってくれるようになってきます。
　学級の中で、楽しい授業、楽しい活動が基本ですね。

Q7 「子どもの自由」と「管理」の境目はどこでしょう

質問の内容

　2年連続で、非常に厳しくしつけられた子どもたちを担任しております。4月当初にはびっくりするほど規律のある学級なのですが、日がたつにしたがって、どんどん子どもたちが思い思いのことを始め、なかなか1つにまとまりません。
　子どもを自由にさせなければと思うことがかえって、子どもを混乱させてしまっているようです。その結果、さらに子どもたちの動きを制限してしまっているのです。
　子どもたちが本当に自由に活動できる環境をつくるために、教師が自ら出ていかなければならない場面があります。そのところが私には見えません。

A 教師の自尊心だけにかかわるようなことは取り上げるな

　絶対に必要なのは、第一に「命に関わるとき」、第二に「集団生活で著しく迷惑をかけるとき」です。
　でも、本当に子どもたちに自由にさせてやりたいという意思はわかったとしても、経験の浅い先生には不可能じゃないでしょうか。
　そんなことよりも、子どもたちが心地よく過ごしているということの方が、どれだけ重要かということですね。
　具体的には、まず「授業をチャイムと同時に終わる」「朝の会、帰りの会をタラタラやらない」「連絡は前もってきちんと伝えられる」。この次の図工に持ってくるのは○○です。言葉だけじゃなくてちゃんと文書で伝えられる。「その日にやる授業がどこからどこまでやるということが、ちゃんとわかっている。その中の重要なことがちゃんと教えられている」あるいは、「ノートの書き方が各教科ごとに教えられ、それがたまに点検されていること」です。
　算数を例にとると、「算数のノートを開いたら日付を書き、どのページをやるか

書いて四角で囲む。5×8という問題が出されたら式が書かれ、計算問題も必ずノートに書かれている」。

今のことだけでいいんです。

例えば、練習問題27×3が出されたら、必ず計算を書かなければならないんです。それがノートの横に大きく書かれている。計算をノートにきちんと書いて消されていない。

このように指導している教師は大丈夫です。たぶん、力のない教師はこれをしていません。これはノート指導の基本です。こういう基本的なことを手短にきちんと教えていく。そういうことを通して、子どもたちは学習に対して心地よい自由な気持ちになっていくわけです。

次にもう1つ言うなら、教師が自分の自尊心だけにかかわるようなことについては取り上げないということです。

例えば、給食のとき残すときがあるでしょ。子どもたちにとってまずい場合だってあるんです、残すことだってあるんです。給食主任が、「先生のクラスはいつも残しますね」と言うとします。そのとき、教師が「今度ちゃんと言います」と言って何も言わない。

そのようなことをできる教師が、ある種の自由さを持っているんです。そのことを子どもに押しつけるような学級は、どんなにえらそうなことを言ったって、子どもたちの輝きは出てこないんです。

ですから、自分のごくごく原則的な指導をもう1度、見直していくんですね。

Q8 感動的に語って聞かせたのに名乗り出ない……

質問の内容

学級でいたずらした子どもがいるのですが、感動的に語って聞かせたのに「それ私でした」と言ってこないのです。

A やった子がわからない解決法がベストなのだ!

当たり前じゃないですか、そんなの。

私ねえ、先生が語って聞かせて、その場で「先生、私がやりました」と言うなら、そっちの方が怖いな。

でも、ちょっと感覚違うのかな?

私、こういうとき一番いいのは「誰がやったかわからないで解決することだ」と

思うんですよ。それが一番ベストだと思ってます、解決するのに。誰がやったのかわかってしまうと、その子がかわいそうだという場合があるんですよ。

　解決しないんなら、話は別ですよ。

　ですから、1回2回そういうことがあって、先生が厳しく「今度やったら承知しない」、そう言ってなくなるんだったら、それでいいじゃないですか。

　そんなこと、あるでしょう。

　男の先生なら万引きしたことありませんか。私、ありますよ、子どものとき。

　あの、近所のボスがいてさ、昔は学生服なんか着ててさ、破れてて、その破れ目から手を出してものをつかんで取ってたのね。

　俺、そいつがうらやましくてさ。一緒に来いなんて言われて行ってね。「おまえやって来い」なんて言われてやったことがあります。

　（そいつの万引きが）なぜなくなったかというと、その家のお母さんが「ここ破れててかわいそうだ」と言って服を縫っちゃったわけです。

　でもさ、そんなことやったりとか何とか、子どもはさ、あっちにつまずき、こっちにつまずきしながら育っていくもんなんですよ。

　ただ、ずうっとそのまま行っちゃうと駄目だよ。

　例えば私、『万引きの成長過程』なんてよく言うんだけど。

　最初のとき万引きをするというのは、たいていスーパーだとか文房具店だとか、そしてお菓子屋、おもちゃ屋です。

　そして、かわいいもの、ほしいものを持ってくるわけです。

　持ってくるとどうなるかというと、家に置いとくとヤバいわけです、これは。

　例えば、家にシャープペンを2つ3つ置いといたらば、ちょっと子どものことを見ているお母さんならば、「これ、どうしたのか？」って聞くわけだから。

　「これ、よし子ちゃんにもらった」。そのよし子ちゃんに電話をして「ありがとうございます」と言うようなお母さんならばその場で発見されます。

　これ、100人に1人だな。

　で、たくさん持ってると子どもながらに危ないと思うから、学校に持っていくわけです。学校の机の引き出しとかにたくさんたまってきて、その段階で、注意深い教師なら同じものがたくさんあるので発見します。でも、その段階で発見できる教師は500人に1人だな。

　もうちょっと行くとさらにたまっちゃうんです。

　子どもはどうするかというと、それを友達にあげ始めるんです。

　で、何とかちゃんからもらった。これは注意深い教師なら10人に1人発見できる。

　何とかちゃんからもらったんです。私も何とかちゃんからもらったんです。と言

ってくる。あるいは、家に帰って「何とかちゃんからもらった」。そのときにお母さんが電話して、「ありがとうございます」と言うなら、これもその場で発見されます。

　で、今言ったことがないと発見できない。するとどうなっていくと思いますか。
　家に持って帰って、学校に持って行って、友達にあげて、それもヤバくなった。
　これ、そこまでになるのに3か月か半年ぐらいです。それから先は自分の身の回りに置かなくなるし、取るものがお金その他になっていくんです。
　ただ、今言った段階までで怖くなりますから。だって1回だけやってやめちゃったというのが大半ですよ。
　でも、何回か続けている子どもたち、その中でも途中でやめていく子はいます。なお続けるというのは何パーセント、そのぐらいでしょう。
　続けていって半年とかというのは、それは大変ですよ。
　私が大森第四小学校時代発見したの、もう30年ぐらい前でしょうか、これはすごかったですね。
　お金取ってきて封筒から出して、お金をトイレットペーパーの芯の中に巻き込んでたんです。それは探したってわからないし、誰がやったと聞いてもわからないでしょう。
　これが小学校の3年生ですよ。あっという間に知恵が発達している。
　そこまで野ざらしにしたら、子どもがかわいそうですね。最初の頃に発見して叱ってやれば、すぐにでもおさまるんです。解決するんですよ。なまじ発見できないために延々といっちゃうことがあるんですね。
　ですから、こういったときのことも、何か言って、誰なのかわからないうちに解決するのが一番。誰かを発見することではない。
　また、誰かということを発見するために、1回や2回の症例の中で強引にやっちゃ駄目ですよ。
　これ、警察沙汰になったら、絶対に教師に勝ち目はないです。
　相手は子どもなんですから。
　で、ごく正常なオーソドックスな原則はそういった状況があったときに、何月何日何曜日、前は何の授業、そのときに教室に残っていた子は誰、という事態を記録することなんです。
　そういった記録が続く場合に、5回ぐらいあると不思議なもので同じ子が残ってくるんです。1回2回じゃわからない。5回続いたらわかる。
　ですから、今言ったことを正確に記録しておくこと、残しておくこと。で、その中から判断をしていく。

Q9 歌うときにのってこない6年生をどう指導すればよいでしょう

質問の内容

　6年生を担任している私の妻の悩みです。
　歌を楽しく歌おうとしても、なかなかのってこず、どのようにすればのってくるか悩んでいます。
　例えば、手遊びや簡単な伴奏などをしていても、白けているというか、ちょっと引いているというか、冷ややかというか、とても悲しい気分になってしまいます。
　恥ずかしさがあるのでしょうか。教師が恥ずかしさを脱ぎ捨ててオーバーにしてもなかなかです。
　よい方法があればぜひお願いします。

A 全員を歌わせるようにするために何をするか

　この文章全体の中でポイントはどこなんですか？
　ご意見をお聞きすればいいんですけれども、お聞きする時間がございませんので私の考えを言います。
　ただ楽しく歌おうとしても、学校で指導する場面なのかどうかですね。
　歌を全員で歌わせようとしても全員は歌わない。
　合唱指導に力がある人ならばね、楽しく、そしていつの間にか全員が歌うということもできましょうが、仮にそうじゃないということにします。そうすると、歌わない子がいるんですね。だからその子を歌えるようにさせなくちゃいけないですね。
　これは、いろんな方法があるでしょうし、ちょっと嫌味な方法でもあるでしょうが、例えば「その班は全員が歌っていて、とてもきれいだったから座っていいよ」「あなたの班はとてもよかった。みんな座っていいよ」。だんだんだんだん残していく。最後、歌わない班だけが残る。
　要するに歌というのは、全員が合唱しているから美しさを感じるんで、誰か歌わないとその分だけが声が出ないわけですから力がなくなり、全滅してしまうわけ。みんな響かなくなっちゃう。
　だから、歌を歌わないで黙っているということは、合唱しているときにはみんなに大変な迷惑をかけている。小さくてもいいから歌ってごらんなさい。私ならばそうしますね。
　もう1回言いますけれども、力がある先生ならば、楽しく、一番正統な指導でそのことを教えている中で自然にできるようになる。それが一番いいんです、望ましい。
　そうではないなら、全員を歌わせるようにする。そのために何をするのか、とい

うところからまず発想する。
　ポイントをそこに置くということです。

Q10　男女仲良くなるにはどうすればよいでしょう

A　五色百人一首をやればいいのでは

　五色百人一首をやって、これでいいんじゃないでしょうか。自然にもっともっと仲良くなる。
　五色百人一首やった先生どのぐらいいますか。（多数）
　やってない先生。ほとんどいませんね。これお勧めしますよ。私が教師になって一番いいと思った（のが百人一首です）、色別になってますから。これは黄色札ですけれども20枚ですよね。源平ですから目の前に10枚ずつ並びます。
　慣れると、慣れるというのは1週間ぐらいやると、1試合3分ぐらいで終わると思います。ただし読むのだけは教師じゃなくちゃ駄目です。正式なテープのやつでやると子どもは絶対に飽きちゃいます。
　こんなふうに読んでみるんです（実演する）。
　読む間に1つずつルールを教えていけばいいんです。
　「取るときはハイと言いなさい」
　「空中で手をブラブラさせてはいけません」
　「同時についたらジャンケンですよ」
　読む間に1つずつ教えていってやる。
　失敗談なども書かれていますから、（マニュアルに）書かれている通りにやれば、どんなクラスでも熱中して仲良くなるでしょう。
　そういった努力を続けられればいいと思います。

Q11　女子のグループがまとまらないのですが

質問の内容
　現在5年を担任していますが、女子の中にいくつかのグループができて、全体としてまとまっていません。
　どうすればよくなるのでしょうか。

A 自然現象だからねぇ

　これは自然現象です。これでいいのです。
　なぜ1つにまとめさせたいと思うのでしょうか。20人からの子どもがいて1つにまとまるということの方が異様だと思わないのでしょうか。
　いくつかのグループができて当たり前なのです。例えば、7、8人のグループ、5、6人のグループ、それから何人か……それが自然です。
　むしろ、1人でいる子、誰も友達がいない子が何人かいる。それをどうしたらいいか、そちらの方が大きな問題です。
　それからもう1つ、大きなグループについて問題なのは、高学年の場合、人を排除するときにもグループをつくるのです。
　○○さんと話をしないとか……。これは男にはあまりないですね、女の子に多いですね。ボスみたいに影響力のある女の子がこういうことを全部決めるとそこから誰も抜けられないのです。言った本人も抜けられないのです。
　例えば、自分が中心になって「○○さんをシカトしよう」とか「○○先生とは口をきかないようにしよう」とか決めたとします。その約束を破れば自分自身が排除されます。つくった本人ですら壊せないのです。
　したがって、それを壊せるのは教師しかいません。教師がそういったことの存在を知って、みんなの前で「ふざけるんじゃない！」と言うほかないのです。
　もし教師に力がないのならば、保護者会でお母さん方にもそういったことを言って、「いっせーのせ」でやってしまわなくてはダメです。それを破壊できるのは教師しかいないのです。

Q12 持ち上がりでない6年生が思うように反応しない……

質問の内容

　　子どもが思うように反応せず、伸びません。
　　持ち上がりでない6年生の担任を初めてしました。いつもならおおむね5月過ぎには、私も子どもを理解し、子どもも私に近づいてきたなと感じられるのですが、今年は1学期も終わったのにまだそんな感じがしません。
　　クラスは次のような実態です。
　①　一言で言って暗い……学習課題についてはそうでもありませんが、他の授業ではイヤだと言います。
　②　掃除を一生懸命にしない……1学期には子どもと一緒に教室掃除をしました。

③　差別がなくならない……歯止めはかかりましたが、1人の女の子への差別があります。
　④　男女の仲がよくない……週2日、みんなで遊ぶ日としています。やっと教師なしでできました。

自分なりの解決策

　1学期は次の2点に重点を置きました。
　A　討論を中心にした楽しい授業をする。
　B　できるだけプラスの評価をする。よいことはほめ、悪いことはあまり言わない。
　2学期以降、A・Bを続けるだけでよいのでしょうか？　足りないことは何でしょうか？

A　歳とともに実力が落ちてくる……

　「子どもを理解し……」というのは、どういうことを指しているのでしょうね。教師が子どもを理解するというのは、「ああ、あの子はこういう子だな」というように思うことではないと私は思っています。人間をそれほど理解できないと思います。
　ただ、教師が心して理解しなくてはならないことがあります。それは「その子が自分をどう思っているか」「子どもが自分自身をどう思っているか」ということを理解してあげるということです。
　子どもは、自分をたいしたもんだと思っているかもしれないし、自分はこうしたことは苦手だダメだと思っているかもしれません。
　子どもを理解するというのは、「その子が自分をどう思っているかということについて理解する」ということなのです。それを教師の目から見ただけでわかったつもりになってはいけないのです。
　若い頃はたくさん子どもが近づいてきたけど、歳とともに子どもがだんだんと近づかなくなった……。自然の現象です。いつまでも若いと思ってはならないのです。
　「掃除を一生懸命にしない」……いいのではないですか。私も掃除を一生懸命にしませんでした。クラス全体が掃除を一生懸命するとしたら、私はそちらの方こそ異様に感じます。
　「差別がなくならない」……なくならないならいいです。差別はどこでもあるのです。どこのクラスだってなくならないのです。ただ、なくそうとする意思や努力があるかどうかなのです。
　「歯止めはかかった」……これでいいのではないですか。
　「男女の仲がよくない」……先生がよくないとだいたいこうなりますね。担任の先生の授業がおもしろいと男女の仲はよくなるものです。だからそのクラスがいいクラスかどうかは、男女の仲がいいかどうかを見ればわかるものです。
　「週2日、みんなで遊ぶ日とする。やっと教師なしでできました」……これはい

いことですね。こうやってみんなで遊ぶ日というのをつくるのは大変大事なことだと思います。
　この先生はいい先生ですね。ただ、いささか自信過剰なのでしょうか。歳とともに実力が落ちてくるのを理解していませんね。
　最後にいいことをおっしゃっています。しかし、A・Bを続けるだけでは足りないでしょうね。このA・Bもとても大事なことですが、さらにそれに付け加えたいですね。

Q13　朝礼で話を聞いていない子はどう指導すればよいでしょう

質問の内容

　朝礼で並んでいるとき、列の乱れや話を聞いてない、などのことがあります。
　そのことに対して『トークライン』には、「個人名をあげて後で注意し、次はがんばるように言う、ということをしつこく繰り返す」とありました。
　また『ツーウェイ』には、保護者に伝えて注意してもらう話を保護者会でしたら効き目があったという話が載っていました。いったいどちらが正しい情報なのか、よくわからないので教えていただけたらと思います。

A　子どもの列の中に入る傲慢はしないこと！

　これ両方が正しいんです。通常の場合には、毎回毎回、並んだとか並ばないだとかうるさく言わない。その場で注意もしない。
　朝礼で並んでいるとき、そのときに普通は教師が前に立っているんです。
　私は真ん中に立ったことはありません。だから入ったことはありませんね、子どもたちに悪いから。よく中に入って立っている先生がいるんですね。ずっと立ちっぱなしになっている。私は、なんて鈍感なんだと思うんですね。その後ろにいる子どもたちは前が見えないわけですから、朝礼台が。子どもの視線と朝礼台の間に自分が遮断する形でじっといるなんて、教師の傲慢以外の何ものでもない。あるいは無神経だということです。

Q14　授業中の子ども同士のけんかの指導はどうすればよいでしょう

質問の内容

　授業中に話をしているとき、活動をしているときに2、3人の子どもが口げんかを始め

てしまうときがあります。
　止めようとしてもうまくいかないことがあり、どうしたらよいのか悩んでいます。
　その原因によって対応は違ってくると思います。授業や全員に関係のあるときは、その場で取り上げて話しました。当人同士の問題のときには、「休み時間に聞くから」と別の場で話をするようにしていますが、おさまりのつかないことがあります。

A けんかは必ず両成敗で

　これ、この子の話を聞けば聞くほど解決が長引いていきますね。
　女性の先生なんですけど、子どもたちに「どうして……なの」と、やればやるほど長引いていきますね。
　もちろん重要な大事故などに対応する場合は、ちゃんと事実を聞いておく必要がありますから、それはやっておく必要がありますけど。
　こんなちっちゃなことぐらいで何だかんだと聞くことないです。
　一番基本なのはけんか両成敗ですね。いかなる理由があろうが、言った事柄に対してはけんか両成敗。
　子どもの話を聞いて、「わかった。そうか」もう一方の子の話を聞いてまた「わかった。そうか」「でも、けんか両成敗だ。異議なし」。
　私は、両方の子どもの手をポンポンぐらいはやりますけど。1年生なんかチョンで泣いてしまいますからね。さわっただけで。「ウワーン」って。
　で、それで決着つくんですよね。ですから短く。
　これ、ちゃんと聞いて解決して裁こうなんて、どだい無理ですよ。だからけんか両成敗って、昔からいいこと言ってるんです。本当に、明らかに片方が悪いという場合だけは、けんか両成敗をやって、もう1つ、悪い方にチョンってやればいいんです。それだけでやった方も納得するんです。
　短く、シンプルに、端的に決着つけてやる。

Ⅳ 「いじめ対応」で陥りがちな失敗—見直しヒント

Q1 差別される子とする子への指導ポイントを教えてください

質問の内容

A子に対する差別がなくなりません。

A子は全体に低学力です（漢字テストは半分程度書き、計算では分数のかけ算程度はできるが、文章のある問題はほとんどできない）。

発言内容がまとまらなく何を言っているのかわかりません。突然意味のない大声を出します。掃除の手順がわからず、ボーッとしています。

5月に「A子キン」と言われました。学級経営誌の「いじめの構造を破壊せよ」や「差別を見のがさない」の向山実践をして、とりあえず歯止めはかけました。それで明らかな差別というのはなくなりました。

しかし、休み時間は仲間に入れてもらえず、1人でいることが多い状態です。

また、他の子の注意の仕方も大変きびしい口調です。

歯止めの次に、A子とまわりの子にどんな力をつければよいのでしょうか。

A やることは2つある……

これは、難しいですね。

「歯止めをかけた」、これは大事なことです。それが教師の仕事ですから。

ただ、これは陰でずっと続くと思います。ですから、陰で続いている差別を明らかにしてやることも必要になります。

次に、無理やりに遊ばせてもダメなのではないでしょうか。

やることは2つあります。

1つは、先生が入ってA子と遊ぶということ。そうすれば他の子も一緒に入ってこざるを得ないでしょう。

もう1つは、クラス全員で遊べるシステムをつくるということです。

かつて調布大塚小学校の時代に生活指導主任をやったとき、週の目標か何かで「1日に1回はクラス全員で遊ぼう」というのを学校全体の目標にしたことがあります。

遊びですから個々がバラバラになって遊んでいいのですが、例えば木曜日の20分休みだけはクラス全員で遊ぼうというふうにしたのです。手つなぎ鬼などの楽しい遊びを子どもや教師が考えてやりました。そうすればクラス全員でやるのですか

ら、どの子どもも入らざるを得ないということになります。
　そういった手だてを打っていくことが大切だと思います。
　また、A子にも良さを発揮できる場面があるのだろうと思います。そういった舞台を用意してやるということも大切なことだと思います。

Q2　いじめられる側にも問題があるときはどうすればよいでしょう

質問の内容

　いじめ、仲間はずれについての質問です。
　いじめの問題を解決するとき、教師は徹底していじめられる側につけと言われます。しかし現実には、いじめられる子にも何らかの問題があることもあります。
　話し合いの中で、教師が「○○ちゃんにも直すところがある」というようなことを言うと、それまでの話し合いはすべてパーであると同和教育の専門の先生にはよく言われます。
　向山先生の著書に、ある女の子に（いじめが解決したあとで）「○○さんもいけないところを直した方がよい」とクギをさす場面がありました。
　いじめられる側にも問題があるときは、どうしたらよいのでしょうか。

A　解決したあとで取り上げるべき問題

　いじめられる側にも問題があるというのは、すべての場合についてそうです。人間のことですから。
　それでなおかつ、いじめられた子どもの側の立場に立つというのが教師としての基本的な姿勢です。そんなことは当たり前のことです。
　それで正確に言うと、差別の問題と単なるいじめと分けなくてはいけません。けんかでしたら「けんか両成敗」が原則です。いかなる場合もけんか両成敗です。ちょっとしたいさかいがありますと、そんなときその理由を言わせますね。理由を言わせればどちらにもあるに決まっています。それを聞いた上で「よくわかった。でも先生はけんか両成敗をします。2人とも手を出しなさい」と言って手をポンポンと打つ、それでおしまいです。ときには、「先に手を出した、それはいかなるときでも君の方が悪い。それについては謝りなさい」と言うこともあります。
　差別は違いますよ。
　まして同和の中でしたら、ながい歴史的な差別の構造の中で、ずっとつらい思いをしてきているわけです。
　自分の親も、その前からも就職はままならない、結婚もままならない、そんな中で積み重ねられてきた差別が同和問題という構造の中に存在するわけですから、そ

の子が多少悪いことをしたということで軽蔑されるような、そんな問題ではないのです。

少なくとも教師はそのように捉えておく必要があります。ながい、歴史的な、その結果として子どもの中にこのように現れているわけです。

ですから、差別とかそういう構造の中では、断固としていじめられている子の側に立たなくてはだめです。教師が立たなくて誰が立つのですか。

その子1人のために他の子全部を敵にまわすことになっても立つべきです。そういった覚悟の上に、はじめて教育が成り立つのです。

ですから、今言ったようないじめとか何とかを解決するときに、まずいじめかどうかということが問題なのですからそこだけで論議すればよいのです。○○さんにも悪いところがあるなどということはその後のことです。

「話し合いの中で」取り上げるべきではなく、「解決した後で」取り上げるべきことなのです。「中」と「後」とでは決定的な違いがあるのです。

Q3　クラス内での悪口がなくならない……

質問の内容

発端はある女生徒の肉体的（肥満気味）なことに対する悪口から始まりました。複数の男子生徒がそうしているとの報告を受けたのでクラス会議で取り上げ、「人のいやがることはやめよう」との結論で一応おさまりました。

しかし、その後同様なことが続き、教師に対する「報告」があとを断ちません。

報告の内容は些細なものが多いので指導するのはやめようかと思いましたが、「先生に言っても解決されない」というあきらめが学級に対する嫌悪につながるように思われ、1つ1つ対処しています。

生徒自身にとっては重大な問題のはずなのでそうしていますが、日に20件以上もの報告があったりして、私自身困っています。

自己中心的で思いやりに欠けているのが問題なのでしょうが、対策が見つかりません。

A　人間としての基本的な考え方をくり返し語る

クラスの中でどういうふうに言っているのかなど、これは実際に見てみないとわからないですね。

ただ、20件以上もの「報告」をちょこちょことりあっていたら、いいかげんいやになるでしょう。何か暗いクラスのような雰囲気があります。

これは、象徴的な問題を1つきちんと解決してやれば、たぶん解決するのではな

いかと思います。原理をちゃんと話してやればいいのです。

その原理は何かというと、《その人の弱みとなる肉体的な欠陥について批判したり非難したりするのは、人間として最低である、軽蔑すべきことである》ということをはっきり知らせることです。

目が見えない、耳が聞こえない、痩せ過ぎている、太り過ぎている、そのようなことで人の悪口を言うのは人間が人間と接する中で最も最低のことだと、ちゃんと授業すべきです。

説得力のあるエピソードを毎日でも語ってやることです。

先生が解決するとか何とかということで対処すべきではなくて、基本的な考え方という形の中できちんとやるべきことだと思います。

Q4 いじめた子いじめられた子の家庭への連絡はどうしましょう

質問の内容

学級に、相手のいやがるあだ名を言ってからかう子（男子）がいます。

先日もその事実が発覚したので、教室のみんなのいる前で、「先生は、たとえふざけたとしても相手の心を傷つけることは絶対に許さない！」と、厳しく叱りました。

しかも、1か月ほど前に同じようなことで指導したばかりなのです。その都度、反省の色を見せているのですが。

ところで、向山先生にお聞きしたいのは、このようにいじめの前兆が見られて指導したとき、いじめた子、いじめられた子の家庭への連絡はどうすればよいかということです。

私としては、学校での指導で何とか解決できそうなので、わざわざ家庭へ連絡する必要もないかと思い、まだしていないのです。

しかし、（まわりから噂を聞いて）もし家庭の方から、「なぜ、もっと早く教えてくれなかったのか」という声が出るかもしれないという不安もあります。

いじめの程度にもよると思いますが、家庭へ連絡すべきかどうかは、どこでどう判断すればよいのでしょうか。

A 軽いうちは「しない」のが原則だが……

私はですね、家庭への連絡、いじめってのは、軽いうちはしないのが原則だと思います。

学校の中でやる。もちろん、ものすごく重度の場合で、大変な問題になる場合で、協力をいただくって場合はあり得ますよ。これは、もちろんあり得るんですけども、ただ、最初は伝えないのが原則ですね。

学校で伝えないってのは、何もしないってことじゃないですよ。ちゃんと解決

するための手を打ち、ちゃんと記録も取り、お話をするときの印象批評じゃなくて、具体的に話さなくちゃいけませんから。

何月何日、こういったことがあって、このような指導をして、こうなっておりました。と、そういう話し方をしなくちゃいけませんから。こういうふうに思いますね。

●あだ名の授業例

いやな名前っていうのは、「あだな」っていう授業でね、有田先生の大変すばらしい授業がありますね。

いいあだな、悪いあだな、こういったこと言われたらどうなのかということで。授業としてあだなを取り上げている。そういうの参考になると思います。

Q5 いじめを受けているとの相談にまずしなければならないことは？

質問の内容

中学1年生のクラスです。担任は講師で経験1年目。

Y君ほか数名がS子をいじめているのです（ののしる）。

学年主任は体育会系の力でおさえるタイプなのですが、方針が「ゆるやか」になり積極的にY君に対しての働きかけをしていません。

Y君は授業中画びょうをこまにして1時間中遊んでいますが、担任も手をこまねいているだけ。S子は登校拒否になりかけていて親が車で送っています。

学校中が荒れはじめているのです。

今後どうしたらいいのかという相談を受け、私はまず校長と担任に状況を話すように助言しました。親は担任に話をしたのですが、その後学校側からはY君に対しての働きかけがありません。

向山先生ならどうされるでしょうか。

A 解決していくべき「システム」を！

これは学校でこのようなことを解決していくべき「システム」をつくるべきです。個人ではどうにもなりません。システムをつくるんです。

そのシステムは大きく2つに分かれます。

1つは、いじめだとか反乱だとか、こういう状況を発見する『発見システム』です。

もう1つは、そのことに対してどのように対処していくかという『対処システム』です。

● **いじめ発見システムとは**
　この『発見システム』には大きく言って3つのレベルがあります。
① 　先生方が感じとして「カン」で感じるというレベル。
② 　お医者さんの問診票のように、何らかの兆候をアンケートその他でとれるレベル。
　「あんたは病気ですか？　どこが病気ですか？」なんていう問診票を出す医者はどこにもいませんよ。そんなの問診票にならないです‼
　でも、それと同じように「あなたはいじめられたことがありませんか？」なんていうバカなアンケートを出している学校はいくらでもあります！
　問診票というのは、次のような具体的な個々の場面を全部総合していじめられてないかってことが暴き出されると思うんです。

　あなたは次のような経験がありませんか。
⑴　一緒に友達に入れなかった
⑵　これを持っていけと言われた
⑶　こんなことを言われた

　そういったことを教師全体の知恵としてつくるべきですね。
③ 　そういった問診票がなくてもできるような、私たちの学校で言えば「欠席の何日目報告」というのがあります。
　累加欠席が5日目、10日目、15日目……そのときには学級担任はその事情を全体に報告する。
　それから保健室の通室数もそうです。これも5回来た。10回来た。という累加数です。その数の度に報告するんです。いかなる事情で来たのか。それはその中に本当に病気だった子もあるけれども、学級から逃げてくる子もいるんです。
　あともう1つ、「ひとりぼっちの子の調査」ですね。
　今言ったようなシステムをつくっていけば、いじめは必ず発見できるんです。

● **いじめ対処システムとは**
　次、『対処システム』です。
　私の勤めている学校では、通常の生活指導とは別個に特別の教育相談部というのを新設しました。委員会をつくったのです。
　それは各学年からと校長も教頭も入れてつくりました。
　そしてこの委員会が扱うのは3つです。

IV 「いじめ対応」で陥りがちな失敗—見直しヒント

> 通常の生活指導とは著しく異なる特別の3つの場合です。
> (1) 不登校・登校拒否
> (2) いじめ
> (3) 学級の騒乱状態

 この3つの状態が生じた場合または生じるおそれがある場合にはその委員会を開く。
 もしか「いじめ」が発見された場合には——発見というのは、①学校の先生が見つけるか、②親から訴えがあるか、③子どもが訴え出るか。その3つがあった場合です——24時間以内に会議を開く。
 こうなっています。24時間とちゃんと限定してあります。
 そうして「具体的な方針を立てる。ただちに実行する。5日たっても改善がみられないときは再度別途の方針を立てる」と決められております。
 もう1つは、いじめが訴えられた場合、学校として誰が解決したかを最後まで見届けるかということが必要です。
 そうじゃなければ「先生に言ったのに」とか「誰々に言ったのに」というふうに、いつのまにかうやむやになるんです。ほとんどの学校がそうです。
 私たちの学校では『誰が最後まで追っかけるか』ということを話し合い、結局校長ということにしました。したがって、校長はひとたび訴えられたものは最後の「解消された・解決した」ことまで確認をする。
 そういうことを決めておくことによって、校長は遠慮なく聞くことができるわけですね。「あの問題どうなっておりますか？ 事情を報告してください」とね。
 そのように『システム』として、制度としてそれをやれることが大事なんです。
 で、今言った「問診票」「いじめをなくすシステム」、それを全国の学校で緊急につくっていくべきです。

Q6 制服を切られた事件の対応はどうすればよいでしょう

質問の内容

 ロッカーの制服が切られたというものです。過去にも同じ生徒が2度被害にあっていて、やったのは2度ともAでした（自分から名乗り出た）。今回は誰がやったのかわからないままです。
 被害を受けた生徒、親への対応と、この件への対応はどうすればよいでしょうか。

> **自分なりの解決策**
> ① この件について管理職が「過去2回もAだからお前だろう」と決めつけ処分をしてしまった。
> ② 放課後、対話の時間をとり、話を聞くことにしているだけ。

A　学校内で起こったことはすべてに責任がある！

ロッカーにかぎを取りつけられないのですか。
（かぎをつけられます。注―質問者）
かぎそのものを子どもはいじれない、あけられない。
（この件があってかぎをつけるようになりました。）
いいじゃないですか、それで。一番ひどいのは、この件について管理職がですね、「過去2回もそうだからおまえだろう」というのはお話にならないですね。
これには、あなたは涙流してけんかしなくちゃだめですよ。もしかしたらそうであるかもしれない。あるいはそうじゃないかもしれない。
私たちは警察ではないのですから、しかも、もしかして、そうではないかもしれないけれども、でも、ちゃんとしたことじゃないことに対しては、絶対に教師は言ってはいけないですね。
（この件でけんかしたのですけれども管理職が会議に出なくなりました。）
いいじゃないですか。自分たちで決めればいいじゃないですか。おこって、可愛い管理職ですね。先生、頑張りなさいよ。
「かぎをつける」「そのことがひどい」「けんかをする」。それにつきます。それぞれいいことだと思います。
（親がですね、親としては過去2回同じような被害にあっているので、そのAに対しての感情的なものを持っているのですが。）
Aに対してではないですよ。教師の監督責任下としてのあなた方がフォローすればいいんですよ。「私の監督不行き届きです。Aじゃありません。私が、申し訳ございませんでした。学校全体が申し訳ございませんでした」と。何をとんちんかんなことを言っているのですか。
学校の責任下で起きたことは、すべてあなたの責任なのです。管理下内というのは。ですからあなたが責任をとる。

Q7 他から認められない子の指導はどうすればよいでしょう

質問の内容

これまであまり目立たなかった子（女子）が学級新聞づくりに励むようになりました。その子と友達ではない活発な女子のグループが、「幼い。つまらない」と私に訴えてきます。

いじめの芽にもなりかねないと思いますが、どう指導していったらいいでしょうか。

自分なりの解決策

「人には、それぞれ感じ方がある。あなたたちがつまらないと思うのは自由だが、それを他の人におしつけるのはよくない。あの子はあの子なりに頑張っているのだから、それを認めてあげる心の広さがあってもいいはずだ」と言いましたが、あまり感じいってくれなかったようです。

A みんなの前で長い個別指導はタブー

指導する時間、何分ぐらいですか。（数分。）それでも長いですよ。

そんなにたくさんやるべきことじゃないですよ。軽く受け流して、「あっそう。あなた方はそうなの。先生はとてもいいと思ってるよ」で、いいんですよ。

そして、この問題でなくて、他の問題で似たような問題がありますね。それを取り上げます。何かやって、頑張って伸びたというような。野球でも何でも構いません。

「頑張って……になれた。そういったことが人生の中でとてもすばらしいことなんだよ。先生、感動したよ。みんな、どう思う？」。みんな感動した。「すばらしいね。こんなとき、文句を言ったりする人がいたら、その人は悲しい人だね」というような話をするんです。

あと、よくあるんですけど、懇切丁寧にご指導される先生がいますね。

男の先生よりも女の先生に多いんですけど。これ、10分、15分と延々と続いたらいやになりますよ。

個別指導も同じですよ。勉強できない子を熱心に教えているつもりですけど、もう5年生、6年生、中学生にでもなれば、3分も5分も教えていれば、クラスの中で「おまえはバカだ」って、教師が言っていることと同じですからね。

そんなことを喜ぶ子なんていないです。ちっちゃな親切、大きなお世話です。

やるんなら短く、あるいは全体が作業しているとき、つかまえてやる。こちらが善意でちゃんと教えているからいいって、とんでもないです。

Q8 変わった言動のため疎外されている子への対応を教えてください

質問の内容
明るく真面目なのだが、言動が変わっており、行動が遅く、自分勝手な行動をしたり、やや不潔な面があるため、学級内で疎外されており（特に男子から）、友人もいない生徒への対応はどうすればよいのでしょうか。

自分なりの解決策
① 本人にも問題があるため、1つ1つ注意していく。
② 周りと違ったものも受け入れられる学級体制づくり。

A 担任がカバーしなくっちゃ……

女の子ですか。（はい。）
これ、気がかりなのは不潔だっていうことなんですよ。
先生、一緒になって清潔になるように努力してやんなきゃダメですね。
お母さんに会うだとか。
不潔だったのが清潔になった、こざっぱりしたということを、先生が全力をあげて個人的にやって、そうすれば他の部分もずいぶん違ってくると思います。
きっと家庭的に事情があるんでしょう。お母さんがいないだとか。
あるからこそこうなるんです。それを先生がカバーしなくちゃ。

Q9 グループに入れない子の指導（中3）

質問の内容
グループが決まっており、グループ以外の子とあまり話さない。また、男子の一部に、どのグループにも所属できず、休み時間等も他のクラスの生徒と遊んでいる子がいる。
全員が仲間という意識を持たせるためには、どのようにすればよいか。
中学3年だというのに学習に対して意欲がない。やる気にさせるには、どのようにさせればよいか。学力向上には、どのような方法があるか。

A むずかしい「ひとりぼっちの子」調査

学力向上にはどのような方法があるのかということを答えるだけで、だいたい1日かかるんですね。

Ⅳ 「いじめ対応」で陥りがちな失敗―見直しヒント

　以前、長野県の学力向上の講演会にお招きいただいたことがありました。それだけのテーマで終わってしまいます。そのことを30秒で答えよということ自体に無理があります。
　これは、パスいたします。
　同じような意味で、やる気を出させる方法についてもパスいたします。
　それで、これは中学校ですので、休み時間は他のクラスの生徒と遊んでいるということなので、私は、誰かと遊んでいるのならそれでいいと思います。
　一番問題なのは、誰とも遊ばない、たった1人でいるということです。それは本当に真剣に考えてやらなくてはいけないことです。
　誰か1人いる。クラスの中に1人いる。不思議なもので、勉強できない子はできない子で仲間をつくるものなんです。やんちゃ坊主はやんちゃ坊主で仲間をつくるものなんですよ。そういう子が1人だけいればいい。クラスに1人いればいいのです。
　ほんとにひとりぼっちだという形になれば大きな問題なんですよ。ここで他のクラスの友達がいるんならそれでいいんじゃないですかと私は思います。
　それでもっと言うなら、他にひとりぼっちの子がいないかどうかということです。
　それで、他でも何回も書いたのですが、再度言いますが、クラスにひとりぼっちの子いませんかという調査は結構大変なんです。
　15年ぐらい前、生活指導主任をやったときに、東京の田園調布ですね。18学級の先生方に「先生方のクラスにひとりぼっちの子がいませんでしょうか」と調査をしました。どの学級も全部ひとりぼっちの子はいません、という調査結果でした。大人ですからね。一旦こういう結果が出ると変わるわけがありません。これは、私の問いが悪かったのですね。600名の子どもたちがいて、ひとりぼっちの子が0というのは異様ですよね。学校給食全員食べさせるのと同じくらい異様ですよね。あれも異様ですよね。異様と感じないのは私と感覚が違うのです。
　例えば、学校にはアトピーその他の子がいるでしょう。そういった子への配慮は当たり前ではないでしょうか。あるいは、心がけようということが必要なのではないでしょうか。
　私の問いがいけないということで、翌年ですね、「ひとりぼっちの子は、いませんか。もし、0だとするならば、0である根拠をお示しになって」というアンケートをしました。翌年も0でした。その理由は、私は毎日子どもたちの日記を見ています。あるいは、学級通信を出している、休み時間に毎日遊んでいる、そういうところから見ると、うちのクラスにはひとりぼっちの子はいない。
　何度も言いますが、500、600もいて、ひとりぼっちの子がいないというのは異様ですね。絶対いるはずです。

見えていないだけです、教師が。これも私の問い方がいけないと思いました。大人ですから意見を変えないし。

3年目ですか、まったく発想を変えました。

中休み（20分休み）、教室に帰ってきた子どもたちに、「今何やってきて遊んだの」、「縄跳びやってきた子」、「なんとかちゃんと保健室に行った子」、そういうふうに仲間をつくってみて、1人になっちゃった子を記録してください。それぞれに理由はあるでしょう。それはいっさいなしで、それはそれとして、1人になった子を記録してください。

それで、1週間続けてもらったんです。1週間ずっと1人でいた子がいたんです。毎日毎日1人。ずっと1人。誰も仲間がいない。

なんと30何名。30何名、誰だということが特定されれば、それから後は教師ですからわかりますよ。

次に、どうしてその子は、1週間1人でいたんだろう。

実はそのとき野球が流行っていて、その子はどうしてもボールが前に投げられなかったんです。投げようとすると1メートルしかとばないんです。そういったように1つ1つのいろいろな事情が出てくるんですよ。

それからは手の打ちようがあるし、やりようがある。もちろん、小学校の例ですけれども。ひとりぼっちを見つけるのは大変難しいですね。

同じような意味で、いじめがそうですね。いじめの調査の文部省のものが出ましたが、私はほとんどいいかげんだと思っています。要するに、ある種の調査をするんならば、数値を発表するんならば、調査方法までひっくるめて発表してほしい。

どういうアンケート、どの項目で調査したのか。そうじゃないとしたら、お医者さんにたとえればいいのですよ。お医者さんが病気を調べるときに、面と向かって、顔を見て、この人は顔色が悪そうだな、病気してそうだな、熱がありそうだな。お医者さんは、そういうところから始める。

見ただけで判断するのは相当誤差がありましょう。ですからそれをちゃんとするために、お医者さんは問診票のような形で聞くことがあるのですよ。

それは、最近熱はありませんか。体がだるくありませんか。好き嫌いしませんか。食事は、おいしいですか。夜ゆっくり眠れますかという項目があって、伊達や酔興じゃなくて、ドクターはちゃんと考えているのです。

その中のどっかにひっかかってくると、何かあるんじゃないかとなるわけです。

そんなことをやったって、ごまかす人間がいるわけです、私みたいに。私、毎日お酒飲んでいますけれど、3日に1回ぐらいと書きますから。ごまかしをしたってちゃんとわかるような方法があるわけです。血圧の検査であるとか、血液の検査と

か、レントゲンの検査だとか。

　つまり、3つのレベルがあるのですね。お医者さんが見て判断する。ちゃんとした問診票で判断する。そして、どんなことをしたって、隠そうとしたってわかってしまう。

　そういったことが教育界にも必要なわけです。でも、先生方の学校にありますか。2番目と3番目とちゃんとしたアンケートの項目、世の中に出して、ちゃんと通用するようなやつ。ないと思いますね。皆無に等しいと思います。ましてや3番目など全然ないでしょうね。

　3番目の調査方法の1つとして、さっき言ったひとりぼっちの調査があるのです。それは状況がどうであろうと、その状況が浮かび上がってくるのです。

　ですから教師の世界というのは、アンケート1つ、子どもの実態をつかませるということ1つとってみたところで、まだまだ改革しなくてはいけない。教師が改革しなくてはいけないということです。

Q10　グループに入れない子の指導（小3）

質問の内容

　最近、男の子も女の子もグループができ始めました。でも、どのグループにもなかなか入っていけない子どもがいます。

　面倒みのいい子どもにお願いして、グループに入れるようにしているのですが、誰かに誘われるまでは1人でいます。誘われるまで待っていたのでは、いつまでもみんなに溶け込めないと思います。

　自分から進んで入っていくには、どのような指導をしていけばよいでしょうか。

A　ゆったりさまざまな手を打つ

　このままでいいと思います。

　3年生、ギャングエイジというのは、大勢の友達と遊ぶ価値がでてくる時期です。でも、みんなで遊ばないでひとりぼっちの子もいるものです。

　厳密な調査をすれば……、厳密な調査というのは、20分休み（中休み）の時間にひとりぼっちでいた子ということを調査していって、1週間ずっと1人だった。6日間誰とも遊んでいない。

　この調査、わりかし簡単です。3時間目に調査すればいいんですね。

　これは、お腹が痛かったり、先生に用があったりと理由はいろいろあります。いろいろありますが、やって1週間ずっと1人という子がいます。

この1週間ずっと1人っていうのは、たぶん7、8パーセントいると思います、どの学校でも。でも、これを担任の先生に聞くと、全部「ゼロ」と答えます。
　先生方もそう思うでしょう。自分のクラスにはいませんなんて。
　嘘言えって、絶対いますから。
　ひとりぼっちになるような子を発見できるっていうのは、もう解決したも同じなんですが、次に、ひとりぼっちになりがちな子っていうのは理由があります。それは担任ならすぐにわかります。
　引っ込み思案だ、自分勝手だ、運動神経がみんなより……といろいろ理由があります。その理由を担任が理解しているということです、第2番目には。
　3番目には、みんなで遊ばざるを得ない場面をつくることです。
　例えば、「1週間にいっぺん、朝は先生と遊ぶ日」とか、「2週間にいっぺん、クラス全員で遊ぶ日」を決めようよ、だとかね。そういういろんな全体で遊ばざるを得ないという仕組みをつくるんですね。全員でできたらクラス全体が二重まる、花まる。
　そういう、ゆったりとした様々な手だてを打っていけば解決すると思います。無理やりやる必要はないんです。いろんな個性の子がいます。ゆっくり仲間に入ってくるという子もいますから。子どもによって時間差があるのです。

Q11　仲間に入れてもらえない子の指導（小5）

質問の内容

　クラスの子どもから避けられているA子という女の子がいます。
　露骨な避けかたではないのですが、給食のときにまわりから話しかけられない、休み時間は1人でいることが多いといった様子が見られます。
　1学年1クラスのためクラス替えがなく、以前から続いているとのことですが、どう解決していったらよいのでしょうか。

自分なりの解決策

① 学級びらきのときに「差別は許さない」と宣言した。
② 道徳の授業で「差別の醜さ」を伝えてきた。
③ 授業でA子の活躍する場面を多くし、ほめ、A子に対する見方を変えるようにしている。

A　「女子のいじめ」闘わなくては打破できません！

　これはちょっと大変なんです。これは簡単に通り過ぎる問題じゃないんです。
　まず、5年生なんですが、この子が知恵遅れ、その他、勉強ができないというこ

Ⅳ 「いじめ対応」で陥りがちな失敗―見直しヒント

とがありますか。(知恵遅れです。)

　知恵遅れね。それから、汚い、臭い。ありますよね。ですから、汚い、臭い、知恵遅れだっていう典型的で、はじかれるわけですよ。この子と合うような友達がいれば、本当は一番いいんですよね。一番いいのは、この子と同じようなレベルの子で、2人いりゃあ全然問題ないんですよ。1人だということが実に気の毒なんですけれども。

　それで、女の子の間で意図的に、この子をはずそうとしている場合があるんですよ。男の場合はありません。女の子の高学年、中学生は、絶対そういうことがあるんです。

　友達同士でやって、それを打破しようとしたのならば、相当の覚悟で保護者会で話し、残る男の子を味方につけ闘わなかったらば、絶対打破できません。

　解決したという見事な例が、原理原則トークラインの山根先生の実践例として、中学校1年生の論文がのっているんですけれども、すばらしい論文です。ぜひともお読みになって、おとりになっていない方は、とっている方からコピーでもいただいて。

　女の子が、ある女の子をはじいていく大変な問題だったんです。それを男の子を味方につけ、そして、学級会でほとんどの女の子が泣き出すくらいまで追い詰めていく。そして解決をしていくというドラマなんです。

　これを聞いてどちらにしても大変だと言ったのは、高学年ですので仲間で話し合っている場合がある。ただし、知恵遅れの子の場合、あるいは、臭い、汚いという場合は、自然と言わなくたってはずれちゃっている場合がある。それでも、清潔にしなくちゃいけないっていうことに対して、親御さんと話さなくちゃいけないし、親御さんが素直に聞けるようなところだったら、ちゃんとしているんですよ。

　親御さんが理解できないようなことが、たぶんあると思うんですね。かわいい娘のためですから、先生もお話しになって。ですから、彼女が嫌われている原因をですね、いろんな見方をしてやって、少し清潔になった、明るくなった、勉強なんてすこしぐらいできなくたっていい、絵が上手じゃないか、そういった場面をつくっていくことも、努力抜きにはできないんですね。

　逆に言うと、それができるのは教師だけなんですよ。こういったことを解決していくことが、教師の仕事なんですよ。大変なテーマでありますけれども、まだ5年生ですから2年間ございます。ですから、1人でも遊ぶ子がいる、下学年でもかまわないからたった1人でも友達がいる、たった1人でも遊ぶ子がいるということであれば、7割は解決したと言えます。

　そのぐらいの大変なことなのですね。

Q12　友達がなく1人でいる子の指導（中1女子）

質問の内容

中1のある女の子をめぐっての悩みです。
日ごろから情緒が不安定な子でソウウツに近い子です。よく面倒をみてくれる友達も何人かいましたが、最近ではもうあきれてしまい、相手にしなくなってきました。
しかし、本人はあまり気にしている様子もなく、平気で1人で弁当を食べています。
こういう生徒にはどういう指導をすればよいのでしょうか。

A　ソシオメトリーなどで見てみると違うかも

平気で1人で食べているのなら、それでいいのではないでしょうか。面倒をみてもらうことは余計なお節介だと思っているかもしれませんし……。

ただ普通、子ども同士というのはそれぞれに応じて自分に見合った友達を選ぶものなのです。勉強が好きな子は勉強が好きな子を、遊びが好きな子は遊びが好きな子を選びます。陰でひっそり生きるのが好きな子は陰でひっそり生きるのが好きな子同士でできるものなのです。

1人もそういった友達がいなかったら心配ですが、ソシオメトリックなどをすると担任が見た目と違うかもしれません。

そういうことを正確につかんでおいて、1人でも友達がいれば問題ないと思います。1人でもいいのです。

Q13　ひとりぼっちの子の指導（小3女子）

質問の内容

私のクラス（小3）に、ひとりぼっちの女の子がいます。
おとなしい子で自分から話すことはほとんどありません。休み時間にも1人で自分の席に座っています。外に遊びに行こうともしません。クラスの子が誘っても一緒に遊ぼうとしません。みんなと一緒にいるよりも1人でいる方が気が楽なように見えます。
「みんなと一緒に遊びたいと思う？」と聞いても、「別にそう思わない」と答えます。
このようなひとりぼっちの子の指導はどうしたらよいのでしょうか。現在は、私からいろいろ話しかけたり、遊びに誘ったりしています。

Ⅳ 「いじめ対応」で陥りがちな失敗―見直しヒント

A 教師が一緒になって遊ぶこと！

　まず、ひとりぼっちの子がいるということを発見することが大変大事なことです。
　十数年前、私は生活指導主任をして、学校の先生方に「先生方のクラスにひとりぼっちの子はいますか」とおたずねしたとき、どのクラスの先生も「ひとりぼっちの子はいない」というお答えでした。
　これは私の設問が悪かったのだなと思って、次の年、「クラスにひとりぼっちの子はいませんか。確かにいないというならばどのような根拠でそのように考えられますか」とおたずねしました。すると、「毎日日記をつけている」「学級通信を出している」「子どもと遊んでいる」、このことからみる限りひとりぼっちの子はいないというお答えでした。
　私は、700名の子がいて、その中にひとりぼっちの子がまったくいないということの方が異常だと思うのです。そんなことがあり得るはずがないと思います。
　したがって、また私の発問がいけないのだと思って、3年目も発問を変えました。「毎日20分休み、いろいろな子どもたちが遊びます。どの子と遊んだかグループごとに調べてください。するとみんなと遊んでいない子が出てきます。それを20分休みと昼休みについて5日間にわたって調べていただけませんか」といって名前を調べてもらいました。
　これだとひとりぼっちの子が出ました。1週間、誰とも遊んでいない子が学校全体で3、40人出ました。
　したがいまして、教師は見ているつもりでも見ていないわけです。そのことを見られるような仕組み、システムを持たなくてはなりません。
　そんなことをしないでひとりぼっちの子をどうかするかということは大変なことです。
　ひとりぼっちの子をなくしていく方法の第一は、遊ぶということです。教師が一緒になって遊べば他の子も遊ぶでしょう。一緒に遊ぶ時間を決めればいいのです。
　もう1つは、その子に同じような感じの同じようなレベルの友達ができるということです。何も立派な友達でなくていいのです。その子と同じように遊ぶのがいやだという友達がいいのです。2人とも遊ぶのがいやだというのがいい。つまり、遊ぶのがいやな同士が一緒になるといいのですね。
　そうやっていろいろな観点から見て知り合っていくという方向が必要だと思います。
　ただ、これは一挙に解決する問題ではありませんから、その子をずっと見守っていく、あるいは何らかの手を打っておくという教師の働きかけが大切だと思います。

V 「不登校解決」
で陥りがちな失敗—見直しヒント

Q1 不登校の息子をどうすればよいでしょう

質問の内容

中2の息子が新学期2日登校しただけで登校を拒否し始めました。

理由は明らかにしません。「そのうち話すから時間をくれ」と言って口をつぐんでいます。暴力行為はされていないようです。対人関係がうまくいかないようなのです。

主人はあせらずいこうというので、そのつもりで息子と接しています。

しかし、時々ぐちっぽく学校に行くように言ってしまうことがあります。すると息子がとてもつらそうな顔をするので、言わないようにしています。今のところ同じ状態です。

担任の先生は、時々来てくれて、同じ方針で接してくれています。

家族に接する態度はおだやかで生活スタイルも以前と同じです。自分で時間を決めて勉強したり、軽くランニングしたり、本を読んだり、運動してみたり、学校に行かない以外は普通に生活しています。

でも、休みが増えてくると授業に対する不安が募ります。

自分なりの解決策

① じっくりと見守る（そうしていますが、あせります）。
② 専門機関に相談する（医大の神経精神科に通って改善したという例があるそうです）。

向山先生のお考えをお聞かせください。

A お母さんが「心の港」になってやることです

1つ目は、母親が「心の港」となり、その子のつらいのを一緒に背負ってやる。

2つ目は、専門機関に相談する。

3つ目は、長い目で見てやる。

中1までは普通に行ってましたですか。（はい、3学期あたりに行き渋ることはありました。）

3学期、何回ぐらいありました。（3日、4日だと思います。）

3日、4日ぐらいね。それは1月頃ですか、3月頃ですか。（2月か3月頃だと思います。）

3月頃ね。そのとき理由言いませんでしたか。（言いませんでした。）

仲良しの子いますか。（あんまりいないんです。）

1人いればいいんですけども。（いたんですけど、何か部活が別な部活になって

しまったもんですから、あまり接触がないようなんですね。)
　部活は、何されてます。(陸上をやっていたんですが、そっちの方もどうもその中で合わないんだか、大会があるときは行くんですけど、それ以外はあんまり行かないでいた状態だったんです。)
　成績はどのぐらいですか、おおざっぱに言って……。(中の上だと思います。)
　中の上ぐらいですか。身長が伸び始めたのはいつ頃からですか。(結構大きい方なんですけど、小学校……順調に伸びていまして、小学校の高学年。)
　小学校高学年ぐらいですね。(はい。)
　子どもをちっちゃいときに育てるときに、本の読み聞かせなんかをした経験ありますか。(あります。)
　ありますか。子どもをぎゅっと抱きしめたことがありますか。(はい。)
　それから、朝起きたり昼起きたりする時間はどうですか。(前と同じようにしています。朝も……。)
　ずうっと朝、起きるわけですね。(はい。)
　学校行きたくないのは何らかの理由があるんですよね。(たぶんそうだと。)
　いや、たぶんではなくて、絶対理由があるんです。(はい。)
　絶対理由があるんです。それは親にも言いたくないほどの理由なんですよ。
　ですから、その理由を一緒にかついでやるほかないですね。その理由が何なのか。聞き出しても言わないですよね。言わないからそういうふうになってんでしょうけども。

●思春期（身長が伸び始めてストップするまで）の心の中
　それでは、まず一般的な話をします。身長が伸び始めてストップするまでの間を思春期と言います。その思春期は、お医者さんが名付けたわけですけども、急速に背が伸び始めてストップするまでの間です。ですから、お宅のお子さんでいうと5年生か6年生から。
　精神的にそれまでとは違う明確な4つの特徴を持ちます。
　第1番目は、それまでの価値判断とは違った価値判断を持つようになるんです。それまでは、親の言うことが正しい、あるいは学校の先生の言うことがいいと思ったのに、いやそうじゃない、自分には自分の生き方がある。これは誰でもあるんです。そういうことを持ち始めるのが、思春期の第1番目の変化なんですね。
　第2番目は、本当の友達を欲しくなるってことなんです。それは、小学校のときの仲良く集まっているのとは違います。そういった本当の友達を求めるというのが2つ目です。
　3つ目はですね、先達と言いましょうか、夢とかあこがれを持つような時代にな

っていく。それは、通例は、先達、先輩をまねることが多いんです。ですから、サッカーのコーチがすばらしいからサッカーのコーチみたいになりたいなと。そういうときに目の前に暴走族がいると暴走族みたいになりたいなと。本当にそうなっちゃうんです。つまり、夢とかあこがれを強烈に求めるようになるんです。

　そして4つ目ですが、精神的に不安定な時期ですから、何でも受け入れてやる、もらえる人が欲しくなるんです。何でも。「心の港」って言いますけども。それは、通例は母親が果たすんです。

　ですから、思春期になりますと父親と役割を変えなくちゃダメです。父親の場合と、母親と。これが思春期の一般原則なんですね。

　それで、たぶんどっかにあるはずです、つらいところが。それは自分でなおしていく場合もあります。でも、母親がそれを理解しようとし、伸びていこうとすれば伸びていく場合もあります。

　一番いいのは、そこに書いてあるように、専門機関の……、専門機関は3つあります。ここに書いてあるのは、「精神科」ですけども、「神経科」っていうのは少し違います。

　それから、「心療内科」っていうのもあります。内科で心療内科。精神科か、神経科か心療内科ということで……。それは、心のことをお母さんが聞くよりも、もっとちゃんと聞き出してくれますから、つき合っていながら。

　それで、そのような心の病にとりつかれるって場合はたくさんあるんですよ。大人でもたくさんあります。

　ですから、心の病とか何とかっていうのは、先進国であればあるほどあって、アメリカの場合なんか各学校に全部神経科、精神科のお医者さんがくっついていますからね。いるんです、校医さんと同じように。それぐらい重要で、日本の方がしてないぐらいなことですから。

　ですから、お母さんが一緒につき合って、それで一緒にやってやろうと、聞かせてもらえばそれでもいいです。なければ、あなたかわいそうだからそれは病気とかじゃないですよ、心の中に重みを持っているからそれを軽くしてやるためにそういったことがあったら聞いてやって。

　その次に、学校に行ったり何かということは、ご主人がおっしゃるように、そんなにあせらないのがいいことだと思います。疲れているわけですから。

　それはしょうがないです。そこを覚悟しないと治らないです。お母さんが、その部分をそれでいいんだというふうに覚悟しないと……。

　私の妹の子どもがですね、中学生で……これはいじめなんですけれども。髪の毛が全部抜かれるほどの状態になって、それで学校に行けなくなったんです、全然。

ほんとにそれはいい子だって感じがしましたね。

いい子で優等生でって感じで、全部抜かれちゃって、お医者に行っても全然治んないんですよ。まったく治んないで、その子は行きたくない。

私は人ごとのように本の中に書きましたけども、妹の子どもでしてね。

その相談を受けたときに父親に言ったのは、警察に訴えてそのことだけ言えと。

学校から何も連絡もきませんからね。もう1週間も10日もたって学校休んでいるのに。

これは刑事事件なんだから、お医者さんが脳の手術をしなくちゃいけないというほどの傷を負わせたなんてのは、明らかな刑事事件だから、それはもう学校の指導の範疇越えているから、ちゃんと被害届出せばいい。

ただ、そのことだけをちゃんと担任の先生に通告しろと。

通告されて担任の先生と校長先生、初めて飛んできたんですよ。そして相手の加害者の人も。でも10日もたってだめですね。もうずうっと行きませんでした。

で、妹から相談されて、いい、学校行きたくないんならばいいと、中学校だけでね、それでやって、その後、ほんとに勉強何もできなくなっていって、最後に数学だけが残って。私は少し教えてやったんですが、推薦で私立の工業高校、易しいとこ入って、でもそこで、また数学とか何かやってましたから、まあ大好きで、学年トップになったんでしょうか。早稲田にある電子工学の専門学校に入って、そこでソーラーカーとか何かをつくって全国大会に出るんだっていうふうな……。専門学校に残ってくれるかっていうふうに、好きなことだけでやれるようになりましたけど……。

でもその出発点は、私が妹に「今までの人生の延長というのは、あきらめろ。そちらの人生の方がいいかもしれない」と言ったことですね。

ですから、その子がつらいのをしょってやるのが、第1番目というふうに思いますね。これは、お母さんが親としてなかなかそこんとこを割り切れないのがあるかもしれませんけども、でも、「心の港」になって一緒にいってやろうということです。

それから、2つ目はやはり専門家の意見を聞く。

3つ目は、長い目で見てやればいいじゃないかと、私は思います。

Q2 学校に来ない子への対応（小6女子）

質問の内容

現在、6年生の担任をしています。
5年生の2学期からほとんど学校に来ない女の子がいます。
その子の父母とは何度も話し合っています。
原因と考えられるのは次のようなことです。
① 母親がルーズで、生活のリズムがついていない。朝、登校時刻に間に合わずよく遅刻をしていた。
② 両親が不仲でよくけんかをし、学校から帰ると母親が家からいなくなっているのではと心配をしていた。
③ 本人が同学年の友達と遊ぶより、近所の20歳くらいの人と遊ぶのを好んでいる。
④ 学年の子どもたちから言われたこと（頭にはげがある等）を気にしていた。
今後どのようにすればよいのでしょうか。

A 来ないということの中でも考えてみては

基本的なことを確認して、具体的に方針をつくることが大切です。
学校に出てこない子どもに対して、教師がどの程度のかかわりで困っているのか、何を考えているのかが、1つの出発点になります。もちろん、親がどう考えているのかも出発点になります。
『ジュニア・ボランティア教育』誌で永六輔さんと対談をしました。
永六輔さんは「私は学校に行ったことがないから向山先生の話はよくわからない」と言うのです。
学校に行ったことがないからよくわからないと永さんが言ったときに、読者のみなさんは、学校に行っていないという範囲をどのくらいに考えますか。
例えば、大学中退しているとか、あまり通っていないとか……普通はそんな感じですかね。永さんほどの、あれだけたくさんの本を出している人ですから。
対談でしばらく話していますと、「先生、失礼ですが、私は学校の経験がないから知らないのです」とさらに言うのです。
その中身は次のようなことです。
——小学校1年生2年生のときはいじめられて学校に行かなかった。3年生4年生では病院に入院していた。5年生6年生のときは施設に入っていたから学校に全然行っていない。私には先生もいないし同級生もいない。今になって考えると学校に行かなくてよかった。——

そのように、行かないという立場もあるわけです。

担任の先生としてはもちろん来てもらいたいと思うわけですが、その子が本当に学校にずっと来なかったら、一緒に生活できないのか生活していけるのか、あるいは学校に来なくても生きていけるような方向がありうるのか、1つはそれを考えることが必要です。

来させるということばかりではなくて、来ないということの中でも考えていかなくてはならないのです。

次に、親がどう思っているかです。

親がそれでもいいと思っているならば、これはなかなか大変だと思います。永さんの場合も親が行かなくてもいいと言ったわけです。

そういうことと違って、親も学校に行かせたいと思っているならば、また、それに代わるようなことをしてほしいと望んでいるならば、別の手だてもありうると思います。

一気に学校に来て教室で勉強するのは無理かもしれませんが、保健室までとか、校長室までとか、学校もいやなら近くの児童館へとか、それは具体的に1つ1つの方法を考えていかなくてはなりません。

そのときの出発点は、学校に来なくてもいいのかどうなのかというその子の将来の問題と、親はどう思っているのかという話し合いが具体的でなくては進まないと思います。

ここで気になるのは③です。6年生の女の子が近所の20歳くらいの人と遊ぶのを好むというのは、もっとほり下げるべきことと思います。

Q3 登校をしぶる子への対応（小2）

質問の内容

小学校2年生のクラスを担任しています。

クラスの中に、登校をいやがり、朝、お母さんに送ってきてもらうことの多い子がいます。

学校に来ても、その子をつかまえていないと教室から出て家に帰ろうとすることがあります。その後、気分がよくなってくると普通に授業に取り組み始めます。朝、ぐずらない日はとても真面目で、しっかりと授業を受けるよい子です。

1学期末には家まで帰ってしまいました。2学期からどうしたらよいか悩んでいます。

A 教師が非難されていればいいのです！

　悩まないでゆったり構えていればいいのです。
　一番大事なことは、いつもいつも教室だけに閉じ込めておこうと思わないことです。子どもには子どもの事情があるのですから、学校に来たくないときもあります。そういった子どもの事情があるのを理解した上で、「学校は楽しいから来ようね」と、まず教師自身がゆったりと構えてやるのです。
　毎日ギスギスした感じで「学校に来い」というようなことをしてはいけません。
　これは、子どもたち自身がいろいろな生育歴の中からそういったことを持っているのです。
　集団で生活をしていく能力をつけることは大事なことだとは思いますが、学校に来れるようになるまでに時間がかかるのですから、自分のときでだめだったら次の先生でというぐらいの感じでやった方がいいと思います。
　ただし、学校に来なくなっているのがこの先生のせいだとすると別です。あの先生が担任になるといつも登校拒否が出るという場合がよくありますね。気がついてないのは本人だけということもあります。それはその先生が過度に厳しすぎたり、過度にいろんなことを要求しすぎたりするからです。
　一見して教室の中がきちんとしているクラスやどこに行ってもビシッとしているというようなクラスで、実は学校に行きたくないと思っている子がたくさんいるということが多いのです。
　30人も40人も子どもがいて、全員が一糸乱れずビシッとしているということの方が異常なのです。はみだした子がいたとか、何かした子がいたとか、そういったことがあって普通なんだというぐらいに思った方がいいですね。
　そういった子が出てきますと、何となく教師が非難されます。でも非難されていればいいのです。私の力が足りないせいでと言っておくのです。
　それを、何か指1本でも指されるのはイヤだと思う人が年配の女性の先生などの中にいます。一言も人に悪口を言われたくないと思うようになります。そうすると、給食も残さないように全部食べさせるだとか、無理やりにでも食べさせるだとかするようになります。その結果として子どもは学校に来たくなくなったという声をたくさん聞きます。
　ですから、そのように担任自身の責任であるならばこれは話は別です。
　ただ、この子は何回も学校に来ているのですから、担任の方がゆったりと待って、学校は楽しいんだということを教えてやるといいと思います。学校に来させるなんて思わないで、みんなといることは楽しいのだということをわかってもらいたいと

いう気持ちでやっていくことが大切なのではないでしょうか。

Q4 「明日から学校を休みます」と言ってくる子への対応（中3男子）

質問の内容

昨年、中学3年生の担任をしていました。
その子は6月ぐらいから登校をしぶるようになりました。
「先生、明日から学校を休みます」「ぼくが学校に来て、何か意味があると思いますか」
「授業は全然わかりませんし、行事があるといやな思いばかりしてきました。小学校のころからずっとです」などと言います。
この子は小学校低学年のころからかなり問題があったようです。
このような子に、担任としてどのように接し、どこにエネルギーを使うべきなのでしょうか。

A 120：3で子どもの話を聞こう

「先生、明日から学校を休みます」というようなことを言ってくるぐらいの子なんですから、どのように接したらいいかということを1つだけ言うとするならば次のようなことです。

「先生はこの子の話を2時間以上聞いたことがありましたでしょうか。かつ、その中で担任の先生が言葉を発するのは3分以内です。120分の中で3分以内なのです。そのような形で子どもの意見とか考えを聞いてあげたのでしょうか」

カウンセリング以前のことでしょうけれども、子どもを説得しようとするのではありません。子どもがどのように考えているかを知ることを意図しているのです。

お説教なんかいくらしても無理だと思います。それでは変わらないと思います。
相手の立場が、本気で理解できれば、見えてくることもあると思います。

Q5 私が担任でなくなったら登校してくる子がいます……

質問の内容

去年4年生を担任したときに、5月25日から学校を休み続けた男の子がいました。「疲れた。学校へ行きたくない」と言い、6月に2日、1月に1日来ただけでずっと休み続けたのです。
ところが、その子が5年生に進級したとたんに学校へ来るようになり、今まで1日も休

んでいないということです（私は転任したので元の同僚から聞いたのですが）。
　この話を聞いて良かったと思うと同時に「私にも何か原因があったのだろうか」と悩んでいます。
　この子の指導経過を参考のために書きます。
① 3年の終わりからチックがひどいためカウンセリングを受ける。
　「わくにはめないで、本人の意思を大切にするように」と指導を受けた母親が、無理に学校へ行かせないという対応をしていた。
② 4月20日から5月25日までの間に5日間断続的に欠席する。
③ 家庭訪問したり、電話をしたりして登校を促す。
④ 6月に入って、学年の先生と相談し、母親を交えて話をする。
　その結果、次の結論を得た。
　(a)　カウンセリングの先生の指導に従う。
　(b)　登校したくなるまで待つ。無理に登校させることはしない。
⑤ 不登校をしている期間、毎日翌日の予定とその日の出来事・学習内容を書き、子どもに持っていってもらう。
⑥ 担任は毎週1回家庭訪問をする。
⑦ ⑤、⑥の対応は本人の負担になるということで、2学期から毎日手紙を書くが、持っていくのは週1回とした。（担任が家庭訪問のときに持参する）
⑧ これとは別に、何か学校に来られるようにする手だてはないかと考え、クラスの子に遊びにいってもらったり、クラス全員で手紙を書いたりした。
⑨ しかし、⑦、⑧の対応は本人の負担になると母親は考えていたらしく、不満がつのっていたようである。
⑩ だが、担任は毎日手紙を書いて、週1回、家庭訪問のときに持っていくという対応を3学期まで続けた。
⑪ カウンセリングの先生とは週2回連絡を取り合った。管理職も両親と話し合った。

A　担任のメンツなど二の次、三の次じゃないの

　不登校がなおったんだからいいじゃないですか。まず、そう考えましょう。
　まず、考えなくちゃいけないのは、自分のメンツとかそんなのは二の次三の次、五の次じゃないですか。
　ねえ、子どもはこんだけ立派だったんだから、こういうふうになったんだから良かったと。それがもう99パーセントですよ。
　良かった。そうか、あの子はそうなったのか。まず喜んでやることです。
　そして、もしかしたら自分の中に欠点があったかもしれません。たぶんあったんでしょう。
　でも、良さもあったはずです。
　その先生に良さがあったから、私がやったことのある部分が実を結んでこうなったんだと、必ずそういう部分があったはずです。そうじゃなければこの子はもっと

もっと傷ついていたんです。
　自分に未熟な点があったかもしれない。でも自分がやった努力の中の、どっかがこういう形になってきたんだ。それもまぎれもない事実だ、と思います。
　で、こういったことを幾つも経験しながら、教師は大きくなっていくんですね。
　こういうことは誰でも経験することなんです。
　でもそのときに、子どもが学校へ行けるようになって良かったな。あの先生に習って良かったな。そういうふうに素直に思えるということが教師の資質として、極めて重要なことだと思います。

Q6　母親と一緒でないと登校できない女子がいます（小4女子）

質問の内容

　1学期は登校してくれるだけでもありがたいし、少しずつ学校の生活に参加するようになりました。プラスにとらえるようにしました。
　だが、遠足や学年集会、学年でのボランティア活動等、クラス以外の人との活動には消極的です。見学してくれるだけでもありがたいと思っていました。
　2学期から担任として、どう対応していけばよいでしょうか。

A　無理して全部だめにすることだってある！

　1学期と同じようにしていけばいいんですね。
　これは、無理しないことです。もっといいことをしようと思って、積極的にやって、全部だめにする場合がいくらでもあります。ほんとに来てくれるだけでいい、学校に登校するっていうのは。教室に来る、教室に来てくれればいい。
　その前がありますよね。保健室なら行く、校長室なら行く、そのもっと前なら、校門までは来る。そして、そこでさよならして帰るって場合だってあるんですから。
　来るだけですごい、大変だということを。長い間の中でその子は自分の中での変革をしていくわけですから、決して無理をしないで、明るくやって、「よかったね」って感じで、それでいいんじゃないですか。これで十分じゃないですか。
　そういったことをしていくということが、大事だと思います。

Q7 不登校傾向の女子の指導（小6女子）

質問の内容

　不登校傾向の6年生の女子を担任しています。
　学校での友達関係、楽しい授業を心がけています。友達がやさしい声をかけたときは来ることが多いです。しかし、慣れて、特別な声かけがないと欠席することがあります。
　授業も、どうしても欠席が多いため、知識面で個別指導をした方がよいと感じることがあります。
　できるだけ友達にはやさしい声をかけること。
　個別指導は授業中5分程度にとどめること。
　今後もこの指導でよいのでしょうか。

A　不登校は教師だけで受けとめる問題ではない！

　この子は、6年生になってからですか、来なくなったのは。それとも昔からですか。（3年生で、家庭で不幸があってから少しずつ増えてきています。）
　どのぐらいですか。年間で何日ぐらいですか。3年生では？（3年生では、まだ少なかったんですけども。）
　4年生でどのぐらいですか？（4年生で7日です。）
　5年生は？（5年生は、15ぐらいです。）
　6年生は？（6年生は、今の段階で30近いです。）
　それはちょっとあれですね。お父さん、お母さん両方いらっしゃいますか。（事故でお父さんが亡くなったのが……。）
　お父さんが亡くなってるんですね。兄弟は、何人ですか？（上にお兄さんが1人……。）
　お兄さんは学校に行ってました？（お兄さんは、行きました。）
　はい、この子だけなんですね。成績どのぐらいですか。（中の上ぐらいです。）
　スポーツは？（スポーツもまあまあ好きです。）
　けんかは？（女の子ですからあまりしませんけども……。）
　はい、わかりました。

●不登校は教師だけで受けとめないこと

　不登校はですね、これは大変ですよ。理由1つじゃありませんから。それでね、一番心配しなくちゃいけないことでまず考えるのは、本質的に病気だということですね。つまり、教師の範疇を越えているという場合です。それがいるんですよ。教師が全部自分が受けとめようとするけれども、自分だけが受けとめてしまって決し

ていいことじゃないですね。

　我が家の隣にアメリカ人の男性が2人住んでいましてね。あるとき、日本のいじめだとか自殺の話をして、「自殺が信じられない」と言うんですよね。「医者は何してるか」って言うわけですよ、自殺するなんていうことは、彼らに言わせればですよ。1人は立教の大学の先生で、1人は新聞記者ですけども。要するに病気以外考えられない。で、日本の先生は全然とんちんかんな方を見てるという判断ですね。

　アメリカの場合は、1つ1つの小学校にみんな精神科医が、いわばコンサルタントとしてついている、専門医が、医者が。ですから、それぞれの病気なんかは、病気のことに対して医者が処置したりなんかして。

　実は、中の1人、カールっていうのは「私もそうだと。ずっと薬飲んで、自分でコントロールしてる」と言うわけです。別にそんなの何とも思わないって言うわけです。

　そういうふうに考えてみると、日本は不登校その他の問題を起こすときに、医者という観点が、あまりにも少なすぎる感じがするんです。

　私は、学校の中では、今言ったような感じだったわけですけども、もっと長い場合には、絶対医師の診断を受けるべきだってことを校内では主張します。

　これは親がもちろんいやがります。精神科があって、神経科があるんですよ。もう1つ心療内科っていうのがあります。ですから、精神科とか神経科はお勧めできませんから、「心療内科にいかがですか」と言ってお勧めします。心療内科は、心の病気の内科です。

　これはですね、病気のことなら、教師が抱えられるようなことじゃないんですよ。そのことを早く発見してやればいくらだって治せるわけですよ。治っていって普通に生活できる。それをこじらせてしまったら、例えば2年3年それをおいてしまったために、取り返しがつかないなんていうのはいくらでもあるんです。ですからまず、病気であるという可能性も持っている、ということで。

　これはですね、教師もそうですね。教師も心に病を持っちゃっているとか、病気になっているというのは、ずいぶんいるわけですよ。ものすごい数いるんでしょう。

　この前、茨城県で私の恩師に聞いたらば、茨城県内だけで500人とか、教師ですよ。たぶん、どこにでもいると思うんですよ。

　私の身近では、大森先生がそうでした（笑）。大森修先生は、フランスの日本人学校に3年間行って戻ってきて、僻地の学校へ行きました。僻地の山の上の方へ行って、たまには帰るんですけどもね。そうしたら幻影とか何かがちらつくんですって。どうもおかしいと思って自分で医者に行ったんです。そして話したんです。「ノイローゼだと思うし、何とか」って言ったらば、医者がかんかんになって怒っ

て、「ふざけんじゃない！」と目の前でカルテを破かれて、「病気かどうかは医者が判断するんだ！　おまえなんでもねえ、帰れ‼」、帰されたんですって。びっくりしてとんで帰ったんですが、1週間後に電話がかかってきて、実はそれが治療法なんですって。

　事実、それは出かかったことなんです、病気で。でもそれは治療で治って。大森先生はえらいですよね、自分でわかって行ったんだから。それから何ともないんですよ。

　大森先生でもあるんだから、そんなことはありうるんですよ。ですから、専門医とか何とかやれば、そんなのごく簡単に治したり、処理できるんですよ。決して恥ずかしいことでも何でもないんです。

　逆にですね、私の前の校長先生から聞いた話です。

　どうもこの先生はおかしい、50ぐらいの女の先生なんです。教室は荒れ放題、何にもできない。でも校長先生の前とかでは、きちんとお話をするんです。でも、教室は荒れ放題だし、子どもはあっちこっち全部行っちゃうし、何にもできない。

　まわりの先生が、「やっぱりお医者さんに見てもらった方がいいんじゃないですか」とご主人と相談したんですけども全然だめで、結局何年も来ちゃったと。6年、7年、そのくらいで。それでようやく、本当にもうどうしようもないってご家庭でもなっている。それで連れて行ったらば、お医者さんに「手遅れです」って。「もう発症、発病してから7年もたちます。これが、2年間か3年間のうちに連れてきてくださったならば、元に戻れて何でもなく治りました」。

　ですから、手遅れになっちゃうときもあるんですよ。

　最初の段階でちゃんとやれば、何ていうことなく社会復帰もするし、普通に生活するし、ちっとも恐いことでも何でもないんですよ。

　再度言いますが、不登校という子どもたちの中にたくさんの子どもたちがいるわけですから、病気である可能性もあるわけですよ。病気だってことじゃなくて、その可能性があるということを教師は持っておくことが必要なわけですよ。

　ですから、そのようなときは、今言った心療内科のお医者さんに行ってみる。私は、カウンセラーじゃだめだと思いますね。医者がいいと思いますね、専門医が。

　そうじゃないという場合、それを除いた場合、今度その次の問題です。そうじゃないということであるならば、そのクラスは楽しい授業を心がけて、とにかく学校に来ればいいというふうに思うんです。

　まず、この子はですね、学校に来るのにすごく疲れるわけですよね。ものすごいストレスだと思います。帰ってがっくりなってると思いますよ。勉強どころじゃたぶんないと思いますね。うちに帰ったら、1日中ずっと寝ていたいというぐらい精

神にストレスを感じてたぶん学校にやって来るんだと思います。

ですから、教室来るなんてまだいい方ですよ。事務室に登校する、保健室だけでもやってくる。あるいは、朝に1時間だけでもやってくる、そういうことから始まるわけですから。

ですから、勉強をやってみて個別指導なんていうのは先の話ですね。とりあえず学校に出てきて、友達と楽しくやっていればそれでいいって。

まあ、もうちょっと言うんならば、計算を電卓でできて、漢字をちょこっと、文字が読める。それでもう御の字。それで人生生きていけるんだから。それぐらいまで思ってなくちゃだめですね。

それをね、何でもかんでも他と同じようにやる教師の善意が、その子のストレスをすごく高めちゃう。むしろ、「へっちゃらだよ、そんなの！」ってね。

まあ、ついでに言いますけど、さっきの大森先生を思い出しました。

大森先生は、小学校時代、全部オール1なんですね、成績。ご自分が弱ってましたよ。「俺、オール1だったんだ」って。「全部ダメだったんだ」って。

「周りにボスが、すごいやつがいて、そいつに『おまえ、答案書くな』って言われて。俺、へいへいしていて、ずーっと0点だったんだ」。それだって、ちゃんと本を書くんですし（笑）、日本きっての立派な先生にもなるんですから大丈夫ですよ。

Q8 遅刻を減らすにはどうしたらよいでしょう（高校生）

質問の内容

最近の高校生は夜型の生活になっており、朝なかなか起きられない者が多いのです（昨年の私のクラスでは常習者43人中10名）。

どのように指導するのが最も効果的なやり方なのでしょうか。
① 夜型の生活を変えるよう指導する。←しかしなかなか直らない。
② 親と連絡を取り合う。←家庭での親の指導力が弱い場合が多い。
③ 欠課時数をグラフなどで表し本人に見せる。←一時的な効果はあるが持続しない。
困っております。どうしたらよいでしょうか？

A よくわからない、ごめんなさいね

これ、高校3年生に対してもう遅いんじゃないでしょうかね、よく知りませんけど。

普通の罰則あるんでしょ。3回遅刻したら1回欠席だとか。何回欠席したら退学

処分になるとか。(昔、罰則あったんですが、それも効果がなくて。)
　みんながやめるからですか。(いえ、やめるわけではないんですが、遅刻が改善されないということで。)
　よくわかんないです、私も。ごめんなさいね。
　私は、遅刻っていいますと、遅刻をやる方を思い出すんです。
　仕事をいっしょにやっている今井さんという人がいるんですよ。東大の法学部の建築学科を出ている。で、会社にお勤めになったんですね。
　2年間ほど勤めたんですけど遅刻するんです、とにかく。
　どのくらい遅刻するかっていうと、2年間で4回だっていうんですね。何が4回かっていうと、遅刻しなかったのがですね(笑)。一般企業に勤めて、4回しかちゃんと行ってないって言うんです。
　で、それでどうなりましたかっていうと、「私の給料低いんですよね」。
　他の人たちはみんなちゃんとしているから、ちゃんとした給料もらうんです。
　が、彼は低いわけです。
　結果として、「遅刻改めましたか？」って言ったらば、「いや、会社やめました」って。で、自分の会社つくっちゃいました。
　それほど遅刻する人が世の中にいるんですね、どうにもしようがないのが。
　これは先生方の学校の中で罰則その他をやめて話し合ってやろうというんですが、たぶんうまい手ないと思います。
　ごく一般的なやり方で、一番初めに大事なことやっちゃう。
　先生の授業なら、授業で最初にミニテストやってしまって。それがテストの半分と同じ、例えばですよ。
　姑息な手段かもしれませんけれども、仮にそういうことであるならば、遅刻すればそれだけ点数減らしていくようなものですから来るでしょうし。
　まあ、そういった方法がいいかどうかはわかりませんよ。
　たぶん言葉だけじゃダメだと思うんですね。具体的な事柄が生じる。それを何かしなければいけない。
　何かが変わらないときは、何かをやって、具体的なことをして変化させると考えるんです。これまでの延長だと、言葉を変えてもそれはもう無理なんです。
　とにかく、何をどのように変化させて、何をするかっていうのを先生方でお話し合いになってください。

VI 「扱いが大変な児童指導」
で陥りがちな失敗―見直しヒント

Q1 心を閉ざした子どもとのつき合い方を教えてください

■質問の内容

心を閉ざしてしまった子どもとのつき合い方ということで質問です。

担任が新しく変わって2か月、1人の男の子がすっかり心を閉ざしてしまいました。

前任の先生がとてもすばらしい先生で、とても好きだったということで、今は私の話を聞こうともしません。

どうやって関係を築いていったらいいでしょうか。

■自分なりの解決策

① 必ず朝から声をかける。
② ちょっとしたことでもほめる。
③ 体にふれる。

などを心がけてはいるのですが、実際にはあまりほめてはいません。どうしても怒ってしまいます。

おもしろい授業をすることが一番だとは思うのですが、思うようにできてはいません。

あまり具体的ではなくて申し訳ないのですが、よろしくお願いします。

A 「王様ドッジ」で腕試しを！

●自分は明るい性格？

向　山：先生は、自分は明るい性格だと思いますか。暗い方だと思いますか。ご自分で自分のことをです。

質問者：暗い方かもしれないです。暗い方だと思います。

向　山：教室入るとき、「おはようございます！」って明るく入っていけますか。

質問者：教室ですか？　教室ではそう心がけています。

向　山：心がけてるね。向こうから子どもが校庭なんかから来ると、「太郎ちゃんおはよう！　よし子さんおはよう！」と声かけられますか。

質問者：子どもによってです（笑）。

向　山：子どもによってね。

質問者：自分がですか？

向　山：自分がですよ。

質問者：自分は声かけます。子どもからはかけられ……。
向　山：子どもはかけなくていいんですよ。教師がすれば。
　　　　先生、この子に嫌われた何か心当たりありません？　しいて言うと。
質問者：……。
向　山：最初から駄目でした？
質問者：いえ、最初は……。
向　山：何か寄ってくるよね。先生って。どっか、何かあるんだよね。心当たりないですか？
　　　　例えば、この子のことを本当は認めてやんなくちゃいけないのに、「それいいわね～」と言わなくちゃいけないのにそうじゃなかっただとか。あまり寄ってくるので「うるさいわね」ってやっちゃったのか。よくわかりませんけれども。
質問者：……具体的に思いつかないです。
向　山：思いつきませんか。
　　　　それ、いつ頃からってこともわからない、気がついたらもうこうなってたということですか？
質問者：3週間目ぐらいからです。
向　山：思いつかない？　他の子たちはどうです？
質問者：……。
向　山：他の子たちは先生のこと嫌いとか何かはない？
質問者：いや、最近になって……。
向　山：いやだなんて言うの？
質問者：はい。
向　山：それは男の子ですか？　女の子ですか？
質問者：女の子です。
向　山：女の子たちですか。
　　　　前の先生っていうのは。男の先生ですか？　女の先生ですか？
質問者：女の先生です。
向　山：いくつぐらいの先生ですか？
質問者：40代半ばごろだと思います。
向　山：先生から見てどんな先生ですか？
質問者：転任されたので……。
向　山：知らない？
質問者：明るい先生です。すごくおもしろくて明るい先生です。

Ⅵ 「扱いが大変な児童指導」で陥りがちな失敗─見直しヒント

向　山：すごくおもしろくて明るい先生だったのね。

●向山だって「こいついやだな」と言われるんだ！

　先生ね、子どもに嫌われるなんてことあるんですよ。私だってありました。

　だいたい普通、私は結構いい先生だと思っているんですけれども、向山洋一先生って言うとワ〜っと拍手が起きるようなところが、調布大塚のとき、向山洋一先生って言ったら、目の前に来たMさんていう女の子が、

「向山だって、こいついやだなあ！」

と始業式で言うわけです。もう指さして、「こいつ」なんて。

　そりゃあね、ちょっとしたショックだったです。ずら〜っといる前で言われるわけですから。

　それで、こいつはいやだ〜って言うのは、それは最初の春からです。

　で、この子は、最後はとっても好きになって出ていくんですけれども、もっと正確に言いますと、この子のお父さんヤーさんでしてね。ヤクザさんでして、この子をヤクザの親父から逃げさすっていう、私の実践記録にほんのちょっと出てくるんですけれども。その子だったんですけれども。

　ですから、そういうこともあるし、教師もそういう経験あるんですから、ですから、嫌いだったら嫌いでもいいんじゃないかと。そういうことだってあるんだから。何も全員から好かれることなんてありゃしない。

　ただですね、嫌われるのはいいけれど、先生が嫌っちゃ駄目ですよ。それが先生の仕事なんですから。私、できたならば、その子のこと好きになってほしい。あるいは、好きになるように努力してほしいと思います。それが教師の仕事なんです。ですから、相手にどう思われていようとそれはあるんだ人生だから。意見も合わないこともあるだろうし。

　でも、嫌いだから叱っちゃうだとか、嫌いだから辛く当たるだとか、嫌いだから何か悪いことするだとか、これは最悪最低ですよ。

　そんなことするなら教師やめた方がいいです。

　ですから、言われているのはしょうがないと。向山だって言われるんだし、誰だってそういうことがあるんだから。でも、自分は、このことを仕事としているんですし大人ですからね。ですから、子どものことを知ろうと。心構えとして。

向　山：次につまんないこと聞くんですけれども、先生、ドッジボールって何種類ぐらいご存じですか？

質問者：2種類しか。

向　山：どういうドッジボールですか？

質問者：「アメリカンドッジボール」と……あ、3種類、「普通のドッジボール」と

「王様ドッジボール」です。

向　山：王様ドッジというのは、子どもたちに王様を知らせているやつですか？それとも隠し王様ですか？

質問者：知らせる方。

向　山：隠し王様、やったことございます？

質問者：ないです。

●王様ドッジで腕試しを！

　何でこんなこと聞いたかといいますとね、小学校2年生や4年生ぐらいで一番子どもたちが燃えるっていうのはドッジボールなんですよ。とりあえず。先生おもしろいって、毎時間やってっていうのは。その「毎時間やって！」っていうことに対する実力がどのくらいかってこと試したんですけれども。

　「王様ドッジ」はご存じですね。普通のドッジボールっていうのは、こういう形になって、当てられたら外野へ出る。これは当然、スポーツが得意なやんちゃ坊主だけが活躍するという。ですから、教師は内心、苦々しく思っているんですね、どうしようかって。そのために出てきたのが「王様ドッジ」で、王様が当てられると駄目になると。

　ですから、それまでは他の誰が当てられようとも勝負がつかないけれども、王様が当てられたら負け。

　「王様ドッジボール」の一番いいのは、少しやって慣れたらば、これを審判である教師だけが知っているっていうことなんですね。みんなで相談します、作戦会議。そして王様を決めます。

　そして「王様ドッジ」を始めます。両チームとも自分のチームの王様を知ってます、それぞれ。でも相手は誰だかわかりません。

　こういうドッジボールをすると、おもしろい現象が生じるんです。どういう現象かというと、最初のうちは、王様になるのはやんちゃ坊主のドッジボールの得意な好きな人間がなるんですよ。ところが、そういう人間が王様になればなるほどそのチームが負けるんですよ。

　なぜかおわかりでしょうか？　力が強いというのは、常にボールの前にいたがるわけです。これまでは、ボールに当たっても外に出れば「おい、おれによこせ！」って全部ボールを集めて、すぐまた入っていったわけです。

　それは、ドッジボールが強い、うまいと錯覚しているわけですね。この場合は、1回当たったら終わりです。ですから、強い人間が王様をやっている限り負けるんです。

　どういう人が王様にいいかというと、いつもドッジボールですみをチョロチョロ

Ⅵ 「扱いが大変な児童指導」で陥りがちな失敗―見直しヒント

チョロチョロしているやつ。全然存在感がない子です。もう、すすすすすっていっちゃってどこにいるかわからないっていう。おわかりでしょうけれども、この子は球から逃げることに関しては天才的なんです。取りもしないけれど、逃げると、とにかく当たらない。

　これを最初から先生が教える必要はないです。作戦会議やっているうちに「お前じゃ駄目だ！」と、今までドッジボールが一番得意だった人間が否定されるわけですよ。こういうのを王様にした方が勝つ、最後まで生き残ると。

　ですから、「王様ドッジ」というのは、隠し王様まで行って初めて意味を持ってくるんですね。子どもたちの作戦会議も何も。そして、何回も何回もやっている段階で変わってくるんですよ。これはまた、人間に対する見方の変化でもあるんです。

● 監獄ドッジ

　次に、「監獄ドッジ」っていうのがあります。これは、ドッジボールをやっていて当てられたらば……外野は3人なら3人と決めておくんですが、当てられた人間は外野に出るんじゃなくて、監獄に入るんですよ、ここに。ここに入れられちゃうんですね。サークルでも何でもいいんですけれど。

　こういう状態でたまっていくんですが、例えばAチームの子がここにいて、Aチームの男の子がボールを取ったらば、ここの監獄に入っている女の子が全部戻れるんです。同じように、Bチームがここに入れられている。

　そうするとどういう状態になっていくかというと、女の子は当てられても当てられてもすぐ戻っていくわけです。自分取らなくていいんですから。自分のチームの男の子が取ってくれれば戻れるんですから。自分が当てるから大変なのであって、このようにルールを逆転すれば、すぐに戻ってくるんです。

　ところが悲惨なのは男が出た場合です。たまってくんですよ、女の子逃げ回っているんですから。ボール取ろうと全然しませんから戻れるわけがない。男の子が戻るためには、女の子がとにかく、誰か1人取るほかないんです、ボールを。取れれば全員ドドっと帰ってくるんです。

　そうするとどういう現象が生じるかというと、この中の男の子たちが哀願始めるんですね。「お願いだからやってくれ！　当てられたってすぐ入れてやるからさ」って。今まで頼んだことのない女の子に頼み始めるんです。

● ドッジで生まれるドラマ

　これがですね、ドラマでね。ごくまれに女の子がびっくりして取っちゃうことがあるんですよ。たった1回取っただけでヒロインですよ。たまってた10人ぐらいの男の子がドドっと入るわけですから、「お前すごいな、よくやった！」なんて言って。その子は、たった1回ボールを取ったことを一生覚えています。たった一発だ

けを。

　つまり、これは大変ドラマができて、おわかりでしょうけれども、女の子は出されても出されてもすぐ入ってこれる。女の子にとってはすごく有利なんですね。

　で、向山学級で人気があったのは、男対女の試合なんですね。コートがこうなっているんですよ。男の子のコートは1メートルの幅でやって、かつボールは2つです。ボールが2つあると、これ勝負になるんですよ。

　どうなるかっていうと、弱っちい女の子がこうやってボールなんかこう持ってヨチヨチヨチヨチ来るわけですよ。男の子はみんな逃げ惑うわけですよ。たった1メートルしかないんですから。手なんか合わせちゃって「ごめんなさい！　もうやりませんから」なんて言って逃げ惑うんですよ。

　ところがですね、男の子っていうのは上手いっていうか何ていうか、必ずこっちのはじにさそってね、投げたボールがこっちに来るようにするんですよ。途端にガラリと態度が変わります、男の子の。もう全部逃がすもんかっていうもんでやります。

　ですから、6年生でやっていてすごく時間がかかってくると、これは1メートルのコートで、かつ男の子が当てるときは左手だと、そのくらいのハンデをつけていい勝負なんですよ。

　これは、男の子も女の子も大好きでしてね、毎時間毎時間やってくれってせがまれるんですよ。ですから私は、体育の授業で体育館なんかでやるときには、一番最後の最後の5分間か10分間にはいつもこれやってました。運動量もすごいんですよ、汗びっしょりになって。おもしろいんで、クラスの男の子と女の子もまとまるし。

　例えばこのような盛り上がるドッジボールだと、1人だけふてくされてるってわけいかないんですね。「今度のドッジボールおもしろいよな！　先生またやってくれ」なんて言うわけですから、そういった子の後ろにいて「あの先生、嫌いだ」なんて言ったって、入ってこざるを得ないわけです。

　「先生、楽しいクラスをつくってください」というのはこういうことなんですね。「先生、これおもしろい。これやって！」ということだったらば、みんなやろうやろうって、そういったものを1つでも2つでも3つでも学んで、それを教室の中でやっていくこと。

　これと似たような感じなのは、例えば「五色百人一首」がそうですね。ものすごい百人一首コールが生じるほど子どもたちに人気があります。

　ついでに言いますと、ドッジボールのボールっていうのは、柔らかいボールをお使いですよね。あの硬いバスケ用のようなものでやったらば、子どもは指骨折しちゃうに決まってますから、恐がって。

Ⅵ 「扱いが大変な児童指導」で陥りがちな失敗—見直しヒント

　私がちょっと前まで使っていたのは、室内用のサッカー用の黒白で、中が全部スポンジです。ですから全然危なくないですね。最悪の場合でもバレーボールですよ、なかったらば。今ありますよ、中がスポンジになっているドッジボールが。

　それを、バスケ用のあんな硬いボールでドッジボールをもしさせようとしたならば、それは教師の犯罪に等しいですね。女の子なんか取れなくて当たり前ですよ。

　ですから、柔らかいドッジボールがあるか自分で見て学校の予算で買ってもらって、学校予算で買えなかったら自分で買えばいいんですよ、そんなの。しれた額ですから。

　そして、ボールは2つあった方がおもしろいです。2個ですね。

Q2　朝のかけ足が続かない子をどうすればよいでしょう

質問の内容

　本校は4年前から毎朝（8：05～8：15）かけ足をし、体力づくりに取り組んでいます。

　走ることが苦手なA子（4年）は、この朝のかけ足が苦痛で、1年のときからずっと終わった頃に車で登校してきます。

　なんとかみんなと一緒に登校し、かけ足も頑張らせたいと思い、「一緒に走ろう」と持ちかけたり、頑張り表を作ったり、お家の方ともお話をしたりして、そのときは2、3日続くのですが後は長続きしません。授業中は、よく発表し、大変明るい子どもです。「明日は走るでー」と言って帰るのですが……。

　どう指導したらいいか悩んでいます。

A　なぜやらせようとするんですか？

　A子の存在そのものを認めてないんじゃないんですか。いいじゃないですか、どうしてもやりたくないんだから。なぜやらせようとするんですかね。

　こういうの、別にその子を思ってることじゃないんです。私だったらいいと思いますね。

　ちゃんと話して。A子さん、一生懸命やってるよ、どうしてもいやなんだ。そう、じゃ先生と一緒にこれだけ走ってみようか。みんなと同じじゃなくても。で、ここだけ走って。みんなと同じような表をつくらなくちゃいけない。先生がA子さん用に表を、みんなと同じようなのをつくって。それで先生と走りました。それでいいかい。いい。じゃこれだけ。

　言うようにしてやればいいんじゃないでしょうかね。

　子どもの個性いろいろありますよ。やるのいやだなんてのは。

ですからその子に合った方法を考えてやって。みんなと同じ……いやなんじゃないでしょうかね。

私なんかそうしますね。

Q3　鉛筆が正しく持てない中1をどう指導すればよいでしょう

▌質問の内容

　　中学の国語教師です。

　　中1の書写授業で「鉛筆の正しい持ち方」の授業をしました。クラスの80パーセントが正しく持てないという現状を見てのことです。

　　いったん変なクセがつくとなかなかなおらないものですね。

　　鉛筆を正しく持つことにそんなにこだわらなくてもいいものでしょうか。

　　また、私は中2の普段のノートは水性サインペンを、漢字練習は筆ペンを使わせています。筆記用具について、向山先生のご意見をお聞かせください。

A　鉛筆の持ち方エピソード

　鉛筆の持ち方は大変大事ですけれども、中学生ではもう手遅れでしょうね。私はやるだけ大変だと思います。

　先生方おわかりでしょうけれども、小学校の1年生でさえ相当大変ですから。

　でも、これは小学校1年生のときにきちんとした持ち方をちゃんと指導すべきだ。

　それは「箸」の持ち方ができればいいわけですね。「箸」の持ち方ができれば、それを1本抜けば鉛筆の持ち方になるわけです。

　私は鉛筆の持ち方で大変おもしろいエピソードを覚えています。

　長野県のある高校で、当時の校長先生が全国の高校からワルを何人か受け入れました。ワル中のワルです。

　3階の教室の窓から友達の足をつかんで、「ほらっ、落とすぞ！」なんてことが生じる。

　そのワル中のワルを集めて宿舎に入れました。普通の高校生もいるんですよ。その宿舎での1つのエピソードなんです。

> 先生が箸で豆をつかんでお皿からとっていました。豆つかみ競争みたいに。
> そうすると、各県の代表的なワルは、
> 「おい、みんな来い！　先生がサーカスやってる」
> って言いました。

> 箸で豆をつかむっていうことは誰もできないんです、ワルの中のワルは。
> つまり、豆をつかむだけの箸の使い方ができるのは、その中に誰もいないんですよ。

そのことが映画になりました。いや違った、別の映画だな。

中村嘉葎雄がたぶん先生役で、ワルの役がいてラーメンを食べる場面があったんです。

中村嘉葎雄は箸の持ち方だめなんですよ。

何とアップで出てきたんです。で、不良役の方がちゃんと箸を持ってんです。

こんな場面は絶対にありえない。もし私が原作者ならそこは絶対にチェックしたと思います。

結論から言いますが、鉛筆の持ち方は大変大事なことですが、ただ中学生からやるのは苦労が多いでしょう。

水性ペンその他についてはわかりません。

Q4 言葉遣いの悪い子、友達にちょっかいを出す子の指導

質問の内容

猛烈に言葉遣いの悪い女の子（6年生）がいますが、なかなか直りません。

また、ただひたすら友達などにちょっかいを出し、注意されるのを快感のように感じているアウトロー的ふるまいをする男の子（6年生）がいます。

どのような指導が効果的でしょうか。

A 何をする？ 満たされない部分のフォロー

こういうとき、どこで線を引くかっていう条件が出てくるんですが。服装もそうです。一番大きな線の引き方というのは、「人様に迷惑をかけているか、かけていないか」というのが絶対あります。

人様に迷惑でないならば、それはそれとして個人の主義でよいと思います。

迷惑をかけているのなら、どんなことがあったってやっちゃいけない。

この場合で言うと、悪い言葉遣いによって人が傷つく、いやだ、という場合には絶対許されません。

悪い言葉遣いその他をしたことによって、この人がどういう人生を歩んでいくかということについても、もう6年生なんだから真剣に答えてやる必要があるんでし

ようね。

　ただ言葉遣いというのは、それぞれの家庭環境の様々な条件から出てくることですから、学校だけではなかなかそうはいかないと思います。

　親御さんがそれでいいと思っているかもしれませんから、そんなときは親御さんとも相談しなくちゃいけないですね。

　次に、「ちょっかいを出す」というのは、何らかの行為をすることですから、行為をすること自体がいけないんだということを言わなくちゃいけないですね。

　体にさわったりすることは、国によっては先生だってパトカーに連れていかれるんだよということをちゃんと言う必要があるんでしょうね。

　とともに、この子は、もちろん満たされない部分があるでしょうから、その満たされない部分をどうフォローしてやるかっていうのも考えてやらなくちゃいけないですね。

Q5　超ノロの子にどう指導すればよいでしょう

質問の内容

　何をするにしても時間のかかる子どもがいて、クラスのみんなに迷惑をかけるときがあります。

　どのように指導したらよいのでしょうか。「早くしなさい」と言ってもほとんど効果はありませんでした。

A　それも個性のうちでは

　私の教え子で、もう20年前になりますがね。

　大河原かおりさん。ゆっくりでノロマな子がいました。オーストラリアから転校してきましてね。

　どのくらいゆっくりかといいますと、テストをやりますと、みんな同じような時間で半分しかやりません。ゆっくりだから。こちら側（とB4用紙の左半分を指しながら）まで手が回らない。

　でも、とても人柄がよく、かわいい顔してるんです。

　お母さんが心配されて、「先生、この子はこのままで大丈夫でしょうか。どうか信じてあげたいんですが」。

　「それは本当の個性を伸ばしてくれるような、そういう素質がきっとおありでしょうから、そちらにおやりなさい」

Ⅵ　「扱いが大変な児童指導」で陥りがちな失敗―見直しヒント

受験勉強が必要になります。

「でもお母さん、1つだけ私からのお願いです。早くしなさいという言葉は一言も言わないでほしいのです。それがこの子の個性だからです」

「だから私もまた全力でこの子の応援をしたいと思います」

その子は聖心女子学院ていうお嬢さん学校に、それも東京の学校でクラスで1番2番しか入れない学校にすれすれで入りました。

お母さん大変お喜びになられた。そして中学校に入って、中学校3年のときに全国作文コンクールに応募し、全国で最優秀賞をとります。そのときの作文の題が「向山洋一先生」でした。

聖心の大学に入り卒業して、アメリカのシティバンクの社長秘書になりました。

中学に入ってからお母さんが、毎年毎年12月25日になると我が家を訪れ、お酒を1本持って、「心から感謝しております。大河原一同」と書いて。それが毎年毎年ずっと続いておりました。

つい4、5年前、えー私は会ったことないんですがね、私の母が、

「いつもあの、クリスマスにはありがとうございます。お嬢様最近いかがですか」

「ようやく結婚できました。向山先生にも来ていただきたかったんですけれども、でも私の身内に不幸があったために内々で結婚式をとり行いました。相手の方が政治家なので、どうしようか大変心配で、本当は私も反対したんですけれども、お会いすると大変いい方なので結婚することにしました。今、新婚旅行に行っております」

で、相手のお舅さんの名前が河野洋平ですね。えー、河野太郎さん、長男の太郎さんと結婚したんですね。

今度、太郎ちゃんが衆議院議員に出ることになりました。どうなんでしょうね。

自民党の中でも河野一族というのは大変特異な存在でした。いわばその本主流の中の非主流派といいますか。河野謙三さんが参議院議長さんでしたね。

そこで私は、自民党の候補者に入れたことは一度もございませんけども、教え子となるとまた話は別です（笑）。手紙書きましてね。

かおりちゃん。これから大変な、その日々が続くと思います。選挙というのは戦いです。で、大事な言葉、先生はぜひ言っておきたいことがあるんです。

その1つは、票を入れていただいたということは相手の夢だとか希望だとか願いをいただくことです。希望があります。願いがあります。あだやおろそかにしないで。票を入れてもらったとは決して思っちゃいけません。相手の願いと夢をいただくことなのです。

2つ目に、あなたはたくさんの人たちと出会うでしょう。できるだけたくさんの人の名前を覚え、500人よりも1000人、1000人より3000人、3000人より10000人。その名前を覚えて、あなたがそれをお話をするようにしなさい。
　そして3つ目は、あなたの周りにはたくさんの人々が寄ってきます。熱心に応援してくださる人もいるでしょう。調子がいいから応援する人もいるでしょう。中には半分だけ応援する人もいるし、本当は応援してないのに寄ってくる人もいます。
　でもあなたは、その中をどれもこれも区別しないで、すべての人を受け入れるんです。すべての人を受け入れて、今よりも1歩でも2歩でも先に進むように。あなたはあなたの誠実な対応をしなさい。

　そしたら、また折り返し、その大河原かおりさんから手紙が来ましてね。
「先生、ありがとうございました。大変な選挙のときも、とても信じられないようなことをやって、正直疲れると思いました。でも先生の手紙に本当に励まされました。目の前のところにこう、貼っております。ベッドのところに先生の手紙を貼り、毎日毎日読んでおります。」
　で、その後、その大河原かおりさんは、奥さんをなくした河野洋平さんの奥さんのかわり、名代として、お父さんについて国連総会に出かけていっては、ファーストレディの役割を果たし、国連その他のレセプションに行ってきたんですね。
　で、その大河原かおりさんは小学校のときに何をやっても遅かったんです。
　で、その人の個性だと、私は思ったんです。
　お母さんにお願いしたんです。それが個性ですから、そのことを壊さないように。ですから早いか遅いかということと、この子は物事を理解してるのか理解してないのかということを分けなくちゃいけませんね。

Q6　協調性がなくわがままな子にどう接すればよいでしょう

質問の内容
　グループ活動や全体で何か活動する際、自分のやりたいこと言いたいことを勝手にやり（ふざけたり、じゃましたり、別なことをしていたりする）、みんなに協力しようとしない子がいます。
　そのため、活動がうまく進められず、周囲の不満がつのってきています。どのように対処していけばよいのでしょうか（言い分を聞く）。

VI 「扱いが大変な児童指導」で陥りがちな失敗—見直しヒント

自分なりの解決策
① 個別に、みんなに協力して活動できるよう指導する。
② その場で本人に注意を促し、協力させる。
③ 学級全体に当該男子の良さを話し、彼が孤立しないよう配慮する。
　ケースバイケースで①〜③を働きかけているが、一向に変容・進展が見られません。

A　3年生が一番難しい時期なわけは……

　これ、このことをやるのを続ける他ないですね。このことを続けるのが先生のお仕事なのです。

　変容しなくても、ショックの方法とか何かでやるのならば、もっと強引にやってしまって、みんなで「あ、○○ちゃん!! ずるい」とか何かやって、そうやることができるかもしれませんよ。

　それで治るかもしれないけど、傷つく可能性も極めて大きいです。そういった場合に。

　「いやだ。学校なんかに来るもんか」と、そういうふうに考えるならば、学校に来てるだけましだと。そんなことと比べるならば、みんなの中にいるだけまだましだと。

　わがままや何かをいっぱいする。それは、他の子とのことがありますから、「○○ちゃん。いけないんだよ。うち帰ってやろう。それはだめだ。ちゃんとやらなきゃいけない」と、その場その場でやっておかないといけない。

　これは、今3年生ですから、もうちょっと先の4、5年生ぐらいになると、当然子どもたちの中で制御するような力が働いてきますから、これは「おまえよせ、順番だ」と言いますね。

　3年生が、これ一番難しい時期ですね。タイプとかわがままとか出てきて、学級がぐちゃぐちゃになるというのが、一番3年生ぐらいが多いんだろうというふうに思います。

　ですから、先生は大変でしょうけども、もうしばらく面倒を見続けてやるという他ないですね。

Q7　整理整頓の苦手な子にどう接したらよいでしょう

質問の内容
　男子の中に、整理整頓の苦手な子がいます。

どの子も活発で素直なのですが、給食の食べ方や食べた後がきたないとか、机の中がきたないとか、汗かきだからくさいとか言われ、嫌われることがあります。となりの席になるのを他の子がいやがります。
本人たちへの指導と、まわりの子たちへの指導をどのようにすればよいのでしょうか。

A 先生が一緒になってやるが基本

一番いいのは先生が一緒に食べてやることですね。

こういう子、いとおしいと思わないんでしょうかね。先生が一緒にやってやればいいんですよ。そうしたらきれいになる。

そのことを基本とした上で、いつかやりたいと思ってるんですが、この「食べ方や食べた後がきたない」とか、「汗かきだからくさい」っていうのは別個です。

これ、汗をかいたやつが本当にくさかったりなんかしたりすると、お母さんにちゃんとお話して着替えを持って来させるだとか毎日替えてもらうだとか、それは別のことです。これは不潔なことに対して注意しにくいでしょうね。それはいいか悪いか別個のことです。

子どもの中でそういったことも言わなくちゃいけないですね。

何回かチェックをしてみるでしょ。

「みんなごちそうさまして、全部やった？ 班の人みんなしてきれいになったら、先生のところに言いに来てちょうだい。その班から遊びに行きますから。ご飯なんかこぼしちゃダメ」と。

そういうふうにしてると、きたない子は全然ダメになるという場合ありますけども、この場合はやんちゃ坊主なんですから、そのぐらいやってもいいんじゃないでしょうかね。これがおとなしい子だったらば、1人1人別々にしてやる必要がありますけど。

要するに「片づいたら先生に言ってきてごらんなさい。今日から3日間だけ、先生がきれいにしたかどうかチェックしますから」というふうに。

基本は先生がやってやることですよ。先生が一緒になってきれいにしてやることです。それがまず必ず基本です。

Q8 授業に集中できない子にどんな働きかけをしたらよいでしょう

質問の内容

授業中、よそ見をしたり後ろを向いたりして集中できない子がいます。

VI 「扱いが大変な児童指導」で陥りがちな失敗—見直しヒント

　また、何かおもしろいことが授業中であると、調子に乗りすぎるということも多々あります。
① 落ち着いた声で注意する。
② 立たせる。
③ 周囲の子に注意させる。
④ 無視して授業を進める。　等
　いろいろ試しましたが、効果がありません。
　向山先生は、そういった子にどんな働きかけをするのでしょうか。

A 毅然とした声で言うことが大事

「高橋君、静かにしなさい」
というような言い方をしますね。
　それでもしゃべるんですよね。それはよくわかります。
　ですから、
「出てらっしゃい。先生の横にすわって一緒に勉強しましょう」
　もうちょっとキツイ部分があっていいんじゃないですか。先生が毅然と、つまり落ち着いた声ではなくて、毅然とした声で言う。
　そちらの方が大事だということです。
　それは、どなったり叱ったりするということではありません。そういった子がいるんです。いて当たり前なんです、どんなクラスにだって。

Q9 親に反発する中学生にどう対応すればよいでしょう

質問の内容

　現在、中学２年生（男）の家庭教師をしています。
　彼は、母親に「先生にあいさつをしなさい」と注意されても無視します。
　母親とあまり話しません。
　中学校では一番おとなしい生徒だそうです。幼児期には母親と話す機会が少なかったそうです。
　先日、母親から「私が何か言うと反発するだけなので、勉強としつけに関しては先生にお任せします」と言われました。
　向山先生でしたら、そのような生徒にどのような指導をされますか。教えてください。

A 思春期の特徴を踏まえて親へのアプローチを

これは、この場でどう指導するかでなくて、こういう現象、こういう事態をどう

理解するか、そこからお話を始めます。

第一にしつけとは何なのか。

しつけとは3つのことを教えることなんです。

1つはあいさつ。

1つは机といすをきちんと入れること。

そして3つ目は返事。名前を呼ばれたら返事をする。

この3つのことができるようになる人間を育てるということは、テストでオール100点を取るということと匹敵するぐらい重要な人格形成、人間形成なんです。

これは私の本ではなくて、森信三先生の戦中・戦後を通じて教育界に大変大きな影響を与えた先生のご主張です。

そして、例えば返事をするということを教えようとしたときに、一番大事なのは、大人の方から言う、先生からあいさつをする。家庭においては母親から言う、「おはよう」と。そういったことを長い間繰り返しの中でやるということです。

この場合は返事をしないということですか。お母さんと対話することですよ。お母さんの方からやって、だんだんなってくるようですよ。

そういう形で母親と話をする。

もう1つ、それは中学生だということですが、この成長期は「思春期」と言うんですね。よく知られた言葉ですが、その時期になるとたくさんの子どもたちが医者のところへ相談に来る。それで、思春期と呼ばれる大変情緒的なことが起きてくる。

それは、体の身長が急速に伸びてストップするまでの時期です。これとほぼ同じで対応する。だから中学1～2年生前後、人によって違います。

人によって違いますが、その急速に成長する時期と心の成長とは対応しているわけです。思春期と言います。

そのときには、4つの極めて大きな特徴がある。

●思春期の4つの大きな特徴

① 価値観が変わる。

今まで、先生の言うことをきくのがすばらしいんだ、いいんだと思っていたがそうじゃないということになる。

② 夢やあこがれを持つようになる。

夢とかあこがれを、単に、何かしたいな。お金を儲けたいなということではなくて、夢やあこがれは人間を通してそれにあこがれる。つまり、ここにいるサッカーのコーチのあの人のようになりたいんだ——というように。

これの最悪なのが暴走族でして、身近に暴走族がいると「ああいう人になりたい」となるわけです。本当にスパッとはまるときがある。

先をいった人間、カッコイイな。その人のようになってしまいたい。そういう意味合いでのあこがれを持つ。
③　本当の友達を持ちたくなる。
　だから、この時期から母親とか父親とかが何を文句言っても駄目です。
　友達の方を向いている。本当の友達、一生涯つき合うつもりの友達を持ちたくなる。
④　心の港みたいな開放できる場所、何でも受け入れてくれる人を求める。
　通常、通例それは母親の役目だと言われています。
　したがって、中学校になりますと、思春期になりますと、父親と母親と役割を変更しなくてはいけませんね。
　母親は何でも受け入れなくちゃしょうがない。父親はそうじゃない。
　つまり、中学生あたりから父親の出番だ、というのはそのせいです。
　この4つひっくるめて思春期なんです。4つとも。なしにしてくれって言っても駄目なんです。そのことを通過するのが正常に発達しているということなんです。成長していくときの通り道なんです。
　ですからこの子は正常に成長している。通り道を通っているんです。
　で、その正常な通り道を、お母さんに説明してやればいいんです。
　受け止めるときはどうですかって言っていかなくちゃいけない。
　と、いうふうに基本的な成長の原理、そのことの中から事態を分析するということは大事だと思います。

Q10　かげひなたのある子にどう接したらよいでしょう

質問の内容

　教師の見ているところではよい子でいるのですが、見てないときには友達に乱暴をふるったり、いじめたりしじいます。
　かげ、ひなたのある行動が気になります。
　どのように指導したらよいのでしょうか。

A　それって人間の本性じゃないですか？　問題はそこではない……

　これ、普通の人間てみんなこうなんじゃないですか。先生方、感じたことありませんか。
　いやな先生の前でも、「おはようございます。先生のお話はとてもいいです」な

んて。かげで「何がいいんだ」(笑)。

そういうこと普通じゃないですか。それが事実なんじゃないですか。

これ、子どもにこんなこと求めるっていうこと自体が、こういうものなんだと、私はそういうふうに思いますよ。

で、ただその乱暴をふるったり、いじめたり、これはまた別のことです、このことは。その乱暴のぶん、いじめてるぶんってちゃんと出して解決してやらなくちゃいけませんけども。

目の前の、そうだそうじゃないっていうのは、違うっていうのは、かげひなたがあるからいけないっていうような、そういうような教師の発想が私は信じられません。

人間ていうのは、そういうものだ。うーん、大人もひっくるめてそういうところがある。だけども信義にもとるようなことはしない。

そのようなことまでもね、いわばその、裏切るようなそんなことはしない。大人も子どもも同じだよ。そういうことが大事です。

それに何でしょ。やんちゃ坊主で本当のワルは、もう自分でやらないでしょ。意地悪とか何とか、やらせるでしょ。

ですから、自分でやってるっていうのは所詮小物なんですよ。そんなのはたいしたことない、相手にしない。

自分がボスなら全部やらせるんですよ。

「オレ知らねぇ。言ったわけじゃねえもん。あいつがやったんだ!」

そんなのへっちゃらになって、一人前のボスです。そういうのを対処しなくちゃいけないですから、これぐらいのはまだまだです。

Q11 授業中に私語を繰り返す子への対応はどうすればよいでしょう

質問の内容

授業中、授業とは関係のない話をしている子がいます。
他の子どもに迷惑がかかるため何度も繰り返し注意をしていますが、やめさせることができません。
どうしたらよいでしょうか。

A 根性すえて、対決しなくちゃダメですよ

私語を繰り返す子ども。これは先生、対決しなくちゃダメですよ。それは、いずれ1回は対決しないとこれはなおらないです。

この対決する場所は自分で選ばなくてはダメですね。一番ポジションがいいとき、絶対我慢ができないとき、この子が1人だけであったとき。前々から手を打っておく。
　何回も何回も何回も繰り返して、「そういうことはよしなさい」と。
　例えば、「授業中はみんながお勉強をする時間だ。人様に迷惑がかかることはしない。もし、そんなことをするならば考えさせてもらう」と。
　例えばそれを保護者会でも言う。前もって言っておくとかして手を打っておく。これはですね、何か「かーっ」となって時々やっちゃだめですよ。
　これは教師も性根を据えて、対決して、そしてだめならば、うるさいから校長先生に預かっていただくと。
　「出てらっしゃい。先生だけじゃだめだから預かっていただく。何回も言ったのに」
　そのぐらいの覚悟が大切です。
　もちろん、校長室に行くというのは「おや」と思いますから、親御さんにも言わなくてはだめですよ。
　最初はゆるやかでもいいでしょうけど、学級全体の中の極めて大きな問題です。
　ただね、ちょぴっとした私語とか何とかね、そのぐらいのことは、子どもたちいくらでもあるんですよ。その許容の範囲なのか、それをはるかに超えて、全然もう学習とか全体に迷惑になっちゃっているのか。
　先生がこの子と対決をする、という覚悟を決め、策略を練り、行動を練り、ちゃんと対決していく他に解決のしようがないです。
　逆に言えば、そういった覚悟を決めた段階から、少しずつよくなるというふうに思いますね。

Q12　万引きをした子への対応はどうしたらよいでしょう

質問の内容

　クラスの子の万引きが、他の子どもからわかりました。
　明らかに、しているようです。
　担任としては、万引きがあったことを保護者に知らせ、しかるべき対応を取りたいと考えました。
　そこで、校長先生に相談すると、「直接お店から被害届が出ていないので、今回は、本人の指導を十分にして終わりにするように」とご指導がありました。
　私としては、納得がいきません。

悪いことがわかった場合、保護者に連絡して指導すべきだと思います。
対策1　校長先生を無視し、保護者にも知らせ、子どもに十分指導するように話す。
対策2　上司の命令を守る。
　このことばかりではなく、学年主任との関係でも指導の違いがあるときがあります。
　そんなとき、どのように対応すればよいでしょうか。
　私は、今回は、対策2のようにしました。

A　上司の命令を守り、その範囲での指導が正解

　校長先生の指導の通りにすることが大事です。
　万引きがあってお店に行った場合、お店側が「そんなことありませんよ」と言う場合が多いのです。
　もし、学校として強引に指導したとします。
　親と子どもは「なんだ、あの店は。万引きしたことなんか言って……。もうあの店から買ってやらない」となるわけです。
　変なところでとばっちりを受けて、お店の方にも迷惑をかけます。親切にやったつもりがお店の方からも恨まれることになります。
　校長先生がおっしゃるように、「お店の方から、困るのでなんとかしていただけませんか」というようなくらいの了解事項があってから、指導するという場合もあると思います。
　校長先生に話をして、その指示をあおいだのですから、この場合は、対策2の上司の命令を守り、その範囲の中での指導ということが大切です。

Q13　行動が粗暴な子の指導はどうすればよいでしょう

質問の内容

　粗暴な児童への指導の仕方について質問します。
　小学校6年生の男子です。大変粗暴、自己中心的で、自分の思い通りにならないと気のすまない子です。
　今までに「友達を殴り、前歯を折る」「殴る蹴るの暴力をくわえ、失神させる」「1人の子から十数万円の恐喝をする」「女の子にハレンチな行為をする」「ある女の子に集団暴力を加える」等々、たびたび問題行動を起こしています。
① このような粗暴な子に対して担任としてどのように指導したらよいのでしょうか。
② こういう子には学校体制で取り組まなければならないと思いますが、どのようにすればよいのでしょうか。

③ もしも、どのような指導をしてもだめな場合、専門機関に委ねたり、出席停止にしたりという処置をとることは許されるのでしょうか。

A 何とかするというレベルの話ではないとき、どうするか

まず③についてですが、当然許されます。

これは、前歯を折られたりなどという具体的な被害が存在するわけですから、親の方から訴えて来ないというのが不思議です。

これは何とかするなんていうレベルではないですね。具体的に根本的に抜本的にやる必要があります。

職員会議で話し合うとか校長先生に言ってどのような処置をとるかきちんとすべきです。

もし、この先生の指導が悪いということならば担任を変えるべきでしょうし、あるいは、そういうことではなくてどこでもこうなんだということであれば、児童相談所やその他のところで問題を考えていくべきだと思います。少なくとも担任だけで抱える問題ではありません。

その子に対してどのような指導がなされるべきか、はっきりと指し示されるべきだと思います。

なお、この子の場合、離婚しているとか家が乱暴だとかの家庭の事情が絶対にあるはずですから、その具体的な条件を必ず吟味しなくてはなりません。1つ1つそういったことで保護者との協力が必要になります。

Q14 卒業文集に教師への批判文を載せてよいでしょうか

質問の内容

ある教師への批判を卒業文集の中に書いた子がいました。
そのまま卒業文集に載せるべきか、書き直させるべきか、担任として悩みました。
そこで2人の先輩教師に相談しましたら、次のような答えが返ってきました。
A教師……卒業文集は、その子の正直な気持ちを書いてこそ価値がある。たとえ、その正直な気持ちが教師に対する批判であっても、教師の都合で内容を変えることは許されないことである。そのまま載せるべきである。
B教師……卒業文集は、一生残るものである。将来、その子が卒業文集を開くたびに、いやな思い出ばかりを思い出さなければならないということは、あまりに悲しい。当然書き直しさせるべきである。
悩んだ末、私はB教師の考えに従い、作文を書き直させました。
私の判断は正しかったのでしょうか。

A 描き直させるが正解です

卒業文集に様々なことが書かれる。

卒業文集に教師の批判を書くことは好ましい状態だと思いません。

もし批判があるのなら、それはそれとして、その先生にお手紙を書くべきです。将来その子が大きくなって、もしかしたらこの批判が違ったものであったということになるかもしれません。

当然、B教師のように作文の書き直しをさせるのが正しい立場だと思います。

何もかもすべて正直にやったからいいというのではありません。「私はあなたが気にくわない」「殺してやりたい」と、思ったことをいつも正直に言っていたら、この世は大混乱になるでしょう。

「言わぬが花」もあるわけです。

Q15 しつけのできていない子をどう指導したらよいでしょう

質問の内容

Y君という5年生の子を今担任しています。

その子は3、4年生のころに車荒らしや夜間徘徊を繰り返していました。

家庭環境は、5人兄弟で父母はいますが、父親はほとんど家にいません。母親は暮らしていくのに精一杯でしつけをする余裕はまったくないようです。

Y君を担任してから、Y君のいいところをクラス全員に話したりしてきました。1学期中は特に問題を起こしませんでしたが、夏休みに入り夜間徘徊をするようになってきました。

家庭でのしつけのできない子をどのように指導すればよいか、今悩んでいます。

A 学校以外の別の目が加えられたら

これは難しいですね。これは要するに、教師だけでは無理だと思います。

Y君を取り巻く様々な教育のシステム、例えば夜間徘徊するのですから、児童相談所の先生方に相談してみてください。それでその先生が、こんなの全然問題ないとか、こんなのいいんだ、というふうに批判されるかもしれません。少なくとも教師が持っているのと別の目で、民生委員の方や児童相談所の方が見てくれるはずです。それに教師の目が加わればよいのです。

私はこういった場合にはそういった複数の目から見てやって判断して、この子にとって一番いいのはどれなのかを考えてやりたいと思います。

Ⅵ 「扱いが大変な児童指導」で陥りがちな失敗―見直しヒント

今、小学校だからその場の中で済んでいますが、中学校などになると行動範囲がすごく広がっていって大変だと思います。

Q16 自分の感情を抑制できない子の指導をどうしたらよいでしょう

質問の内容

小学校2年生のクラスを担任しています。

自分勝手で、気に入らないことや何かできないことがあると泣きさけんだり、大声で悪口を言ったり机を蹴とばしたりして、自分の気持ちが落ちつくまではパニックのような状態になる子がいます。

4月当初は週3〜4回、7月は週1回程度そう鬱状態になります。

そのときの気分によっては、ベランダや廊下に出ていってしまうこともあります。30〜60分くらいたつと、気分が落ちついてきて、「先生ごめんなさい」とあやまってだきついてきます。

母親が再婚で、父親がお酒を飲むと母親に暴力をふるうというのも気持ちが不安定になる原因になっている様子です。

このような子に対してどのような指導をすればよいでしょうか。

A 温かく接して、ごくたまに真剣に叱れば

この家庭の精神的な安定度もありますけれども、最初に私が感じるのは、食べ物の方が気になりますね。この子は、甘味料をどのくらいとっているのでしょうか。つまり、ジュースを飲んだりコーラを飲んだりする量の問題です。

子どもたちが乱暴をはたらくということをすべて精神的な状態で解決することに私は反対です。

1本の缶ジュースの中に入っている人工甘味料は角砂糖に換算して7個分くらいになります。角砂糖1個分の甘みをとると、これを他の食品、例えばカルシウムの多い牛乳に直すとビン6〜7本必要です。そうすると、缶ジュース1本飲むと、牛乳50本くらい飲んでカルシウム分の補給ができるというわけです。

ですから1日に2本も3本もそういったものを飲んでいる子というのは、圧倒的にカルシウムが不足しています。カルシウムというのは、脳の一切を働かせるわけですから、つまり脳に抑止作用がないということです。これはもうしつけとか何とかではありません。

このことを発見したのがアメリカの医師団です。ものすごい乱暴をはたらいて、ナイフを振り回したり、ときには銃を持ってきてぶっぱなしてしまうという子ども

たちがアメリカで急増したそうです。その原因はいったい何なのかということをいろんな層から取り組んで、その中で、主力になって解決していったのが人工甘味料のとりすぎということです。

人工甘味料のとりすぎによって、乱暴その他の抑止ができないという子が、アメリカで200万人から300万人いるとわかったのです。日本でもそういった子が何十万人かいるはずです。

それで、甘味料をなくすという治療をするわけですが、そのとき治療の途中でスプーン1杯の甘味料をとっても元に戻り再発するそうです。完全にカットしなくてはならないみたいなのです。

『あなたの子どもはなぜ乱暴をはたらくか』という本が日本でも出版され、研究報告がされています。

質問にあるこの子の抑止作用については、不幸な家庭環境にも原因があるのだとは思いますが、それとともに食生活が乱れていることによって脳の働きを正すカルシウムの不足あるいは甘味料のとりすぎ、ということまで見ないと原因は出てこないということです。

さて、こうした子には、温かく優しく接してやること、ごくたまに真剣に叱ってやることが大切だと思います。

Q17　基本的な生活習慣がついていない子の指導をどうしたらよいでしょう

質問の内容

一昨年受け持った1年生男子について伺います。

その子は他の子とかかわりを持とうとしません。女子にいたずらするくらいです。

また、1年生までに身につけてほしい生活習慣が身についていません。例えば、箸を持って食べる、何でもかんでも口に入れない、おしっこはトイレでする、使ったものをある程度かたづけるなどです。

他にもありますが、これらがすべて身についておらず、自分勝手な行動が目立ちました。それに対して1つ1つどのようにすべきか、繰り返し指導してきましたが、ほとんど変わりませんでした。2年生、3年生と担任は変わりましたが、今もほとんど変わっていません。

このような子にはどのような指導をすればよいのでしょうか。

A　専門家への依頼がベターでは

これだけではわからないですね。

普通は親の子育ての経過が気になります。そこに問題なしと仮定します。

まず、専門家の判断が必要だと思います。専門家に相談されることが第一ではないでしょうか。

つまり、自分で解決しないのならばそれに代わる他の専門機関を紹介したりすることが、1つの誠実さの表れだと思います。

実際に私が見ればどうなるかわかりませんが、それは1年生のときだけの状態かもしれません。多くの先生は1年生、2年生を担任すればおわかりですが、1年生というのは教室で寝ころがってばかりいます。

今5年生になっているA君という子がいます。その子は学校に来て、午後になると机の上に横になって寝てしまうのです。1年のときも2年のときもすぐ寝てしまうので、ずうっとそのまま寝かせときました。その子が5年生、6年生になればみんなと混じったりして直ってくるものです。

1年生、2年生でいろいろなことを表現する子がいますけれども心配しないでください。それで育っていく場合も多いのです。子どもの生命力というのでしょうか、そういうのがついてきます。

しかし、2年生を超えているとちょっと心配ですね。やはり専門家に頼むなどの判断が必要なのではないでしょうか。

一番いけないのが自分で取り込んでしまうことです。何でも自分1人で解決しようとすることです。

「小さな親切大きなお世話」になることがよくあるものです。

Q18 遠足に弁当を持ってこない子への対応をどうしたらよいでしょう

質問の内容

遠足にお弁当を持ってこない子がいます。2件ありました。もちろん経済的な理由ではありません。
① 親に管理能力が不足している。
② 親子関係がうまくいっていない（義母であるため）。
以上、2点がその理由と考えられます。
その子どもに対して、親に対して、担任あるいは学校としてどのように対処することが一番よいとお考えになりますか。

A 教師が準備をして何も言わないことだ

これは難しいですね。

原則から言うならば教師は何も言わないで、黙ってその子のお弁当を持っていってやればよいと思います。
　ただ、この子は先生からお弁当をもらっても、将来、あの先生よかったなと話したりしないで、すぐ忘れてしまうと思います。
　これは私の言葉ではありません。まったくこれと同じような事例がありました。調布大塚小時代の先輩で、私の尊敬する坂本茂信という先生が、遠足のときお弁当を3つも4つも作っていったのです。でも、その子たちは先生からお弁当をもらったことを覚えていませんでした。
　「教育ってそんなものではないですか」、そのように坂本先生がおっしゃっていました。
　教師ができることを一生懸命やって、何の対価も求めない。終わった後はそのことが忘れ去られていく、それが教師の仕事なのです。
　教師がたいしたことをやっていないのに、いつまでも覚えていてくださいなんていうのは、いやらしく恥ずかしいことだと思います。
　原則は教師が準備することだと思います。そして何も言わないことです。
　その上で、もしかしたら親と話し合ったらよいのかもしれません。見ていないのでよくわかりませんが……。

Q19　自己顕示欲の強い女子の指導をどうしたらよいでしょう

質問の内容

　2年生を担任しています。
　女子に大変自己顕示欲の強い子がおり、授業中に発表して、まわりから認められないと大声で泣き出します。
　体育で、ある子が遠くまで跳んだのに、自分がそれ以上できないと怒り出します。
　帰るときには、ある特定の男の子と帰ることを強烈に要求し、その子からかえっていやがられてしまいました。
　女の子とのつながりが極めて少なく、まわりの女の子が仲間に入れてあげようとしても、憎まれ口をきいてよそに行ってしまいます。
　ときになだめたり、話をよく聞いたり、アドバイスとして少し厳しいことを言ったりしましたが、なかなか仲間づくりがうまくいきません。
　低学年なのでまだ目立ちませんが、大きくなるにつれてどんどん孤立していくのではないかと心配しています。
　席替えで一緒に座りたい子を3人書きなさいというアンケートをとったとき、学級でたった1人だけ誰からも選択されませんでした。

VI 「扱いが大変な児童指導」で陥りがちな失敗─見直しヒント

このような子をどのように指導していけばよいのでしょうか。

A 解決への糸口は親に話をすることから

かわいそうですね。私はこのような子を見るとすごくかわいそうになるのです。愛しくなるのです。

人を思いやるという心というのは、自分自身の立場を超えて相手の立場に立てるということです。「思い」を「やる」わけですから。

そういった「思いをやれる」ことのできる年ごろというのはいつごろなのでしょうか。そういったことがきちんとできるようになるのは通例は小学校の高学年ですね。

ですからこの子は発展途上にあるわけです。ただ、発展途上であっても多くの子はそういった思いやりができるようになってくるわけです。

なぜかと言えば、その前の3歳4歳5歳のときから親にそのように育てられているからです。

子どもというのは最初は誰でも小さいときは自己主張は強いものです。でも、自己主張が強くて、遊びの友達の中にいさかいやけんかが生じたときに、少しはそれを我慢し、相手の立場に立つというルールなどを親は教えていくわけです。

長い時間かかってそういったことを親から言われ、たしなめられ、3歳4歳5歳という中でそれは教えられてくるものなのです。

ところがこの子はそれが教えられてこなかったのでしょう。だからこうなっているわけです。

これはこの子の責任ではありません。かわいそうなことなのです。

担任がその中でその子の辿ってきた道を言ってあげなくてはなりません。一気に解決しようとするのではなくて、その都度たしなめて、「そういったことがあるでしょ」とかかわって言ってやらなくてはなりません。

もう1つ、こういった形で教わってきたのはまぎれもなく家庭なのですから、やはり親御さんには話をし、担任が心配ならそのことを言わなくてはなりませんね。

この子が5年生になってもひとりぼっちでいるようになるとは思えません。だいたいどの子もちゃんとしていくようになると私は思います。それほど人間というのは強いものだと思います。

ただその時期が早い方がいいですし、そしてこの子にとって傷つくということがない前にきちんとできるようになっていった方がいいと思うわけです。

ですから、親が不足していた分を先生が何回かやっていかなくてはしかたがないと思うのです。そのためには、先生がこの子に愛しさを感じられるかどうかということが出発点だと思います。

Ⅶ 「荒れたクラスを立て直す」
で陥りがちな失敗—見直しヒント

Q1 小学生から荒れていた子どもたちへの対応を教えてください

質問の内容

中学3年を担当しています。
小4ごろから授業で乱闘を始めた生徒が、毎年4人くらいずつ入学してきて、これといった対策がないまま3年間を過ごさせてしまいます。
空き教室あたりでフラフラしているのは、空きの職員が対応します。
親へのはたらきかけ、小中情報交換など学校・学年で対応はしているが改善しません。
この子たちを教室に入れ、授業で生かすことは可能でしょうか。

A 教室で授業の中で生かすのが教師の仕事では

　子どもたちを教室に入れ、授業に生かすようにさせるのが先生の仕事です。何を聞きたいのかわかりません。こういう子たちを教室に入れて、授業の中で生かすようにすることが、教師の仕事なんです。
　それができないならば、何をするのか考えなくちゃいけないわけです。何よりも、学校全体としての対策、どうしたらいいのかという論議をしなくちゃいけないですね。
　ですから、このようなことを強くお考えならば、職員会議に出す。しつこく出す、何回でも出すという形で職員全体で論議する。その結果として「対策がない」という対策がありえるかもしれません。私は、「可能でしょうか？」ということではなくて、そのことをするのが教師の仕事なのだと。
　例えば、「お腹が痛いです。私は病気です」とお医者さんに言ったら、それを治してくれるのが医者の仕事で、それを「治すのが可能でしょうか？」、そんなことを聞く必要があるんでしょうか。治すようにする、それが仕事です。
　そのことをやった途上で、いろんな工夫の仕方、やり方や方法、これではうまくいかなかった、このときはこうだ、それについてはどのようなことが足りなかったのでしょうか、どのようなことをしていったらいいのでしょうか……そういったような論議をしていく必要があるというふうに思います。

Q2　女子の水筒に男子3人がおしっこを入れた……

質問の内容

女の子の水筒に3人の男の子がおしっこを入れました。
どんな指導をすべきでしょうか。

A　きちっと決着をつける事件では

　大事なことは、「日常的な、普通のお説教で終わらせてはいけない」ということです。「非日常的な行為に対しては、非日常的な決着をつけてやる」。このことを曖昧にすると子どもは、「こんなことやってもいいんだな」「そんなのへっちゃらだよ」と思っちゃいます。あっという間に悪質になってきます。
　「反省文を書かせる」「校長先生や家の人にも聞いてもらう」など、様々な方法がありますが、きっちり決着をつける必要があります。

Q3　「いじめ・不登校」に立ち向かうような発問とは？

A　子どもに影響力のある「力のある教材」を用意する

　とりあえず、「いじめ」にします。
　学校でいじめに対応するシステムを持たなくては駄目です。システムです。
●いじめ発見のシステムづくり
　第一は「いじめが発見できる」というシステムです。
　これは日本中皆無だと思いますが、この「発見するシステム」というのをお医者さんに例えてみると、お医者さんがどういう方法で病気を発見していくのかということになるわけです。
　1つは人間を見てどうするかということです。訴えとか聞いてね。
　次はアンケート、問診票というのがあります。あれはでたらめじゃなくて、お医者さんたちがよってたかって、ちゃんと考えたことですね。息切れ動悸がしましたかとか、たばこは吸ってましたかとかね。その中のどれかのチェック項目がおかしいんじゃないかという形です。
　例えば、その問診票にちかいものが各学校にあるでしょうか、智恵を集めたものが。

ひどいところはね、『いじめられたことありませんか？』っていじめを聞くのにいじめを聞いている。これがどれだけおかしいか、医者と比べてみますよ。
　医者の問診票が『あなた病気じゃありませんか？』。そんな問診票なんか全然意味ないでしょう。
　ですから、例えば「物をかくされたことがなかったか」とか「掃除を押しつけられたことがなかったか」とか、個々の具体的なことが出てきて、その結果としてわかるような共通のものをつくらなければならない。
　次に、問診票があったってウソ書く人がいます。私はウソ書きます。お酒毎日飲んでたって、「たまにしか飲まない」って書きます。
　でも、そんなウソついたって発見できるシステムをつくる必要がありますね。
　例えば血液検査だとかレントゲン検査だとか。そういった形での学校のシステムがあるのかどうか。私たちの学校で言うと、3つあるんです。
　1つ目は「ひとりぼっちの子の調査」。これである週を調べて、1週間ずっとひとりぼっちでいたという子の調査があります。
　それからもう1つは保健室の通室調査、通室何回目という形で自動的に報告されるようになっています。
　3つ目が累積欠席です。今までに「合計10日休んだ、20日休んだ、30日休んだ」というのはちゃんと報告するようになっています。
　それは、病弱だとかいろいろありますよ、理由は。それはそれでいいんです。
　でも、その中には必ず（いじめられている子が）入っていきます。
　で、もう1つあるんです。
　学級担任は、次のような事情があった場合はその子がいじめられていると判断しなくてはならないんです。
① 机を離そうとする。
② 何かやったときに「ゲエー」とか言う。
③ 給食をその子からもらわない。
　あと2項目あって、その5項目の中の1つでもあればいじめられていると判断するわけです。そして必要な措置をするわけです。
　まずは「発見するシステム」です。第一はそれが学校の中でちゃんと文章化され、みんなの合意を得て、機能しているかどうかです。
　第二は、いじめを発見した場合です。一番多いのは親からの訴えでしょう。「うちの子がいじめられているみたいです」という。
　このときに「何をするか」ということが文章化されていなくてはいけません。
　私たちの学校ではこうなっています。

そのときには、いじめの問題を扱う委員会「教育相談委員会」と言いますけれども、普通の生活指導とは別個の委員会です。私が委員長やってます。
　その委員会は『いじめの訴えがあった場合には24時間以内に会議を開き、方針を出す』という原則を決めてあります。24時間以内というワクをかぶせてあります。
　それが、今言ったようなことがないと、担任の先生に言ったのに、担任の先生はまわりの2、3人の先生に言っただけだ。『どうしましょうか？』って言って様子を見ている間に、あっという間に悪化していってしまう。そんなんでは組織じゃないです。学校じゃないです。
　そうじゃなくて、訴えられたときには、学校全体として担任の先生は困るわけですから、ちゃんと報告し「母親から訴えがありました」と、そのことを全体の目で見ていくこと、具体的な方針を決めるということが必要なわけです。
　そして3つ目。
　ひとたび訴えられ、発見されたいじめを、誰が解決したということまで追いかけるかということです。責任ある人は誰か。追っかける必要があります。
　うちの学校では校長です。ひとたび発生したことはそれが解決したとなるまで校長がやります。そうじゃないとですね、担任に言われた、何に言われたで、どっかで消えちゃうでしょう。解決したのかしないのか、ずっと根は残ったまま。
　そんな無責任なのは、責任ある公的機関とは言えないですね。それは教頭であろうと誰であろうといいんです。とにかく誰か1人は責任を持って追いかけていくというシステムがなくちゃ無理です。
　最低、今言ったようなことを、学校として論議して決めないとだめです。
　それはいくら「子どもたちの様子を見る」なんて言ったってそんなのは無理な話です。わかるもんじゃないです、子どもたちのことなんか。

● 力ある教材で立ち向かえ

　そこで、発問です。

> いじめには発問ではなく「力のある教材」で立ち向かえ。

　子どもたちに直接働くのは発問じゃないですね。これは力のある教材でなくちゃ駄目だということです。
　力のある教材。あるかなあ。（かばんをさぐる）
　これは野口先生の学校で授業したときの作文です。（岩根小での心の教育フェスタ）
　日本にたくさんの子どもたちが帰国してきます。その子たちが日本の様子、外国

の様子を作文に書きました。

　これからその作文を読みますから、黙って聞いてごらんなさい。

　最初はイタリアのミラノに行った6年生の作文です。

　イタリアの友達はみんな愛情と思いやりが身についていた。

　初めてイタリアに行ったとき「みんないい人だなあ」と思いました。

　私が小学校に入学したとき、私が日本人であるためか、『お友達になろう』と話しかけてくれました。私はうれしくてうれしくてたまりませんでした。

　母が言った通り、イタリア人は本当にいい人だと思いました。

　それから、私がこの学校をやめるまでに、この隣の国、そのまた隣の国といろいろな友達ができました。私の家の隣にとても仲のよい友達もいました。その友達とはほとんど毎日遊んでいました。とてもやさしくて、とても愉快な友達でした。朝、学校へ行くとき友達を見つけると、大声でその友達を呼びます。

　1時間目が始まる前にお祈りをして、体の不自由な人やけがや病気で苦しんでいる人をいたわるよう心がけます。

次、アメリカから日本に戻って来た人の作文です。5年生。

　ぼくが初めて日本の学校に入ったら、みんなぼくをじろっと見ていて、誰もぼくに声をかけず、何となくぼくをさけているように見えました。

　新しい友達をつくろうとしないのです。

　アメリカでは、だが、教室に人ったとたんに前後左右から『モリナガ！』と声がかかってきたのでうれしくなってしまいました。

　その他に、日本では集団で1人をいじめるということがありました。

　その1つの例は今年の夏のことです。プールの授業のときに、言葉がすこしたどたどしいのでいつも分かれている帰国した女の子を、普通学級の子が大勢でその子のパンツを引っ張ったり突っ付いたりしていやがらせをしていました。

　ぼくたちは普通学級がやってくるのを防ぎ、かばってあげました。

　でも、たったの5、6人でかばってあげただけでは無理でした。

　そのようなことが毎日のように続きました。

次、アメリカのニューヨークに行った6年生の子どもです。

　ぼくが初めてアメリカの学校に入ったときは1年生でした。

Ⅶ 「荒れたクラスを立て直す」で陥りがちな失敗―見直しヒント　137

> 　初めて入ったときは変な目で見られましたが、席に座るととても親切にしてくれました。「こんにちは。日本から来たの？　よろしく」などと言ってくれました。
> 　そのとき英語はよくわからなかったけど、ぼくに親切にしてくれていることはよくわかりました。それはいっしょに遊んだり、英語を教えたりしてくれたからです。

　次、アメリカのニュージャージーから戻ってきた子です。女の子です。5年生。

> 　私は、日本に帰ってきていやだったことは、愛想がとっても悪いことです。
> 　友達がほしくてニコニコ笑って人を見ていました。
> 　でも、見られている子は変な顔をしたり逃げたりするのです。
> 　私が母にそのことを言うと「日本人は人に向かって笑顔を見せないのよ。それはそういう習慣なのよ」と言いました。
> 　もう1ついやだったことは、私が人とぶつかったりしても相手はしらんぷりしているのです。アメリカではそんなことしたらすぐに謝るのになと思いました。

　これは読んでるだけで子どもに訴えかけますね。
　いいか悪いかは別として、あなたはどう思いますか？　とね。
　力のある教材というのは、これで子どもたちにある種の影響力を持っているんですね。
　『向山洋一年齢別実践記録集』に、年齢別に見た向山実践が出ていますが、ぜひとも向山の同い年に挑戦してみてください。
　後ろにある実物資料集というのは、その当時出した学級通信その他のものもありますが全然無修正です。信じられないかもしれませんが、授業記録という世の中に出ている本の大半はみんな修正が加えられています。
　明治図書の編集長の江部さん、樋口さんに言わせると、とある著名な先生の本はほとんど創作したと言っていいくらい授業記録が授業記録になってない。
　そんなの見たって腕が上がるわけがないですよ。事実をそのまま、いいのも悪いのもひどいのも、そん中で勉強したり挑戦したりするのでなければ。
　ですから、私は実物資料集出すとき、いまから10年ちょっと前ですが、最初いやだったですね。そのまま出すんですから。私は隠したいのたくさんありますよ。
　ひどいのばっかりだった、昔は。でもそっくりそのまま出しました。

当時はあの本が8万3千円ぐらいだったですね。そのまったく同じ本を年齢別に直して、4万ちょっとでつくったものです。

そのことの特集ですが、その横に『力のある教材』というのをミニ特集しました。

これは過去10年間の朝日新聞の作文コンクールに寄せられたものから、よいものを選んだものです。私、その審査員をしています。あと、これの審査員は見城美枝子さんだとか紺野美沙子さんだとか。その中の作品を紹介してみます。

「わたしのできること」小学校の2年生です。

> 小学校1年生の運動会で私はリレーの選手でした。
> それが、2年生のときは車いすで見学でした。
> 去年の4月17日にターザンごっこをして、ロープから手を離してしまい、高いところから落ちて大腿骨を骨折して入院してしまいました。
> 1学期はほとんど学校へ行きませんでした。
> その入院しているときに同じ病室で手話でお話をしている人と一緒になりました。
> 学校で手話や身体障害者について勉強したことがありました。
> 最初はお話できなくてかわいそうだと思いました。
> でも、その家族は、とても楽しそうに手話で会話をしたり、みんなに手話を教えてくれました。私も友達になりました。そして私は夏休みに退院しました。
> しかし、私の骨の成長はふつうの人と違う。
> 「1つベッド用意！」と先生に言われ、再入院することになったのです。
> そのとき、私の頭はゆれて気絶しそうになりました。なぜなら、牽引するためにまた足の骨にドリルで穴を開けて、金具を入れるとても痛いことをするからです。
> 5か月もたつと、座ることもできず、足をつって寝たままの生活が続きました。
> そして、やっと退院できるほど骨がつき、それからリハビリが始まりました。
> ずっと動かさないでいた足は立つことも、歩き方も忘れてしまいました。
> 筋肉をやわらかくしたり、足に筋肉をつけるリハビリです。
> 先生が体重をのせて、かたくなった私の足を伸ばすのです。
> 痛くて、つらくて、もうがまんはこりごりで、もう涙がなくなりそうでした。
> リハビリ室にはたくさんの人が来ています。
> その中には片足だけの人がいました。
> その人はプラスチックみたいな足をつけて、大変そうに汗をいっぱいかいて

VII 「荒れたクラスを立て直す」で陥りがちな失敗─見直しヒント

> リハビリをしていました。
> 　私はそれを見て「痛い。でも私はがんばる！」、そうさけんでいました。
> 　私の特別な骨はいまがんばらないと、大人になっても足をひいた歩き方になってしまうそうです。1日5回リハビリをしています。私はまだふつうに歩けません。
> 　でも、ぜったい歩きたいのです。そして走りたい。
> 　バレエをならったり、友だちと松葉杖なしで手をつないで学校へバスに乗って、プールへ行ったり、鉄棒、おにごっこ、そしてお母さんといっしょになわとびをしたり、運動会で思いっきり走りたい。これは全部私のできることだったのです。
> 　それからいま、私が思っているもう1つのことは、手話の人や車いすの人がいたら、
> 「こんにちは。私に何かできることがありませんか」
> と、あいさつできるようになることなのです。

　これも、ある種の感動を、ある種の訴えを持っていますね。
　力のある教材、力のある文。というのを子どもたちの前にたくさん用意することが大事だと思うのです。「生きる」という羽仁監督の映像もそうです。
　そういうことがたくさんあることが大事です。
　今の作文の中でとても大事なことは、いちばん最後です。
　「こんにちは。私に何かできることがありませんか」
　これは、ボランティアの学習をして最初に教えることです。
　何かお手伝いをするだけじゃなくて、「こんにちは。私に何かできることがありませんか」というあいさつから心からの交流が始まります。
　この子はそのことを学んでいるのです。だから今言ったような作文が出てくるんです。
　ところで先生方の中で、ボランティアの学習が大事だということは100人が100人、みんなが認めるでしょう。しかし、子どもたちにこういったことを教えた先生いらっしゃいますか？
　「こんにちは。私に何かできることがありませんか」
　教師というのは授業を通してやっていく。どれだけえらそうなことを言っても、最初に私が発言したようなことに戻ります。それだけえらそうなことを言おうが何しようがそんなことは一切関係ありません。
　授業という行為を通して、子どもたちにそのことをちゃんと授業しているのか。

教えているのか。

　そのことのみが、唯一そのことのみが、教師の価値なのです。教師の評価なんです。

Q4 A男の親から「B男がいじめている」と訴えがありました

A 必ず管理職に入ってもらう……

　これですね、親が間に入って……。

　これ、両方から聞いたことをまず確認しますよね、1人1人聞いて。で、A男の親に2人から聞いた事実を説明しますよね。

　これ、私だったら感じよく言えるな。つまり、1人ではやらない。

「校長先生、一緒に立ち会っていただけませんでしょうか」

　つまり、親対親というのは微妙な問題ですから、そのために管理職がいるんです。こういったとき絶対に自分だけでやろうとしないで、「一緒に入っていただけませんでしょうか」と言って入ってもらうんです。甘く見ない方がいいです。

　（管理職に）入っていただいて、一緒に対応する。

Q5 荒れた子どもたちをどう指導すればよいでしょう

質問の内容

　毎年数名の子どもが頭を染め、たばこ、シンナー、バイク等の事件を起こします。また、卒業生の中にも同様に相当に荒れた生活をしている者がいます。
　中学校とは何を教えるところなのかわからなくなってきました。
　勉強も部活動も行事も係活動も、どれも自己実現させることができず、「少しは頑張った」という誇りも与えられません。
　化粧をするような楽な道を選ぶ子どもたちに、どう立ち向かっていけばよいのでしょうか。

A 楽しい！ が子どもと教師の間にズレがあるのかな

　中学校の先生は大変ですね。

　私は、ここに出てくる「たばこ」と「シンナー」と「バイク」の3つは、それぞれ別なことがらだと思っています。

　まず、頭を染めるというのは構わないと思うのですがどうでしょうか。

Ⅶ 「荒れたクラスを立て直す」で陥りがちな失敗─見直しヒント

私は次のように思っています。

> 人様に（心理的なことは別ですが）物理的な形の中で影響を与えないならば何をやろうと勝手である。

以前行われた「子どもの権利条約講座」のときに、これと同じような質問が波多野里望先生に出されました。
「学習院ではどんな髪の毛だろうが勝手ですよ」というのが波多野先生のお答えです。学習院の篠沢秀夫先生のお答えです。学習院の篠沢秀夫教授のお子さんは頭を真っ黄色に染めているのだそうです。それは人に迷惑をかけないから勝手というわけです。学習院だってそうなんですから、いいんじゃあないですか。
原理としては〈人様に迷惑をかけない〉ということが前提になってくるんだと思います。
ただ、そのことが生活が乱れてくることの前兆になるとか、学校が荒れてくることの前兆なんだという中学校の先生が多くいらっしゃいますが、それはよくわかります。それはまたそれで、そういった上での対応その他が必要なのでしょうが、〈人様に物理的な影響を与える〉ということと、〈その個人の中に留める〉ということの区分けはする必要があります。
「たばこ・シンナー」というのは、自分自身の健康上の問題ということになります。
「『少しは頑張った』という誇りも与えられない」……これは中学校ですから行事その他をやるときでも難しいのでしょうね。これは私自身が中学校にいませんからよくわかりません。
しかし、いろいろなメニューを用意しておけば、その中にはきっと子どもたちに合うようなメニューがあるのではないでしょうか。
時代は変わっているのですから、子どもが楽しいと思うことの認識が教師と子どもで違っているのではないかと思いました。

Q6 バラバラのクラスをどう指導すればよいでしょう

質問の内容

今、教職について４年目です。
１年目は無我夢中でやってきて、２年目は１年目でダメだったところを徹底して直したつもりです。でも３年目４年目になってくると、何か自分が何をやればいいのかよくわか

らなくなってきたのです。学級経営で悩むたびに、自分がとてもなさけないのです。まだ1年目2年目の方が、自分のすることに自信を持って取り組めていたように思います。
　自分がグラグラしていると子どもたちもバラバラです。どうしたらいいのでしょうか。

A　リーダーに必要な5つのこと

　あのこれ、いろんなこと知ってくると自信がなくなるんですね。ですからこれは成長している証拠なんですよ。最初のは無知の元気さだけです（笑）。

　それからね、教師というのは自分の学級の子どもたちに対して、統率する統率者としての自覚を持たなくちゃいけませんね。教師がクラスの統率者なんだ。

　しかし、統率者という言葉……リーダーでもかまいません。クラスのリーダーであるという自覚を教師が欠いたとき、それは当然学級は荒れた状態になります。

　またもう1つ、教室の指導者でありますね、教師は。間違いなく指導者です。教えるし。その指導者であるということの自覚を欠いたとき、教室の水準は最低の水準になります。一見子どもは元気で、発言しているように見えますが、その実力はたかが知れたもんです。

　統率者たる責任、指導者たる責任。それは教室に限りません。およそありとあらゆる人間がいる集団は全部そうです。そのことを露骨に出していくのか、ちゃんと身につけているのか、多くの人の力を寄せ集めるのか。それは次の段階ですね。

　次、統率者としての責任、指導者としての責任。で、その次に、夢を描くということからすべては出発するんですね。

　これは企業に入ってもそうです。何でもそうですよ。

　あのような……を作りたい。あのような事業をやってみたい。

　ですから、あまりいろんなことを知らない人は低レベルの夢でしょうし、すげえなと思っている人はそういった夢を持つでしょうし。

　その教師の人間の器、経験の器、見識の器に規定されるわけです。

　夢を描く、これは企業に入っても同じですよ。今は小さい企業だけど、大きな企業に夢を描いてつくっていく。これは全部同じですよ。

　そういった夢を描く。そして夢を描いて、その夢を描くための心の指針、方針、学級経営案もいいです、授業案でもいいし、そんなに形式ばらなくてもいいんです。それが必要ですね。

　そして5番目に、そのような夢に向かって行動を開始するんですけど、いつから開始するか。

　今すぐなんです。たった今からです。たった今から行動に移せる人と移せない人がある。1年後5年後で、結果は違ってくるわけですね。

Ⅶ 「荒れたクラスを立て直す」で陥りがちな失敗―見直しヒント 143

Q7 ボスがいる荒れたクラスをどう指導すればよいでしょう

質問の内容

　昨年受け持ったクラスのことです。

　私は、中学校から小学校へ転任したばかりでした。クラスにボス的な男の子がいて、大変な経験をしました。その子は、4月の最初の1週間は、進んで挙手し、何でも学級のことを考えてくれ、明るく元気で活発な子でした。ところがしばらくすると、隣のクラスの子に乱暴をするわ、掃除はしないわ、係の仕事は他の子に押しつけるわ、気の弱い子をいじめるわで、自分勝手で何のルールも守らず、学年の問題児と言われるその子の本性が出てきました。

　私は当初、そんな大変な子だとは思わず手を打ちそびれてしまって、思うような学級づくりができないでいました。その子とその子をとりまく男子数人を何とか常識的な枠の中で集団生活をさせることで、へとへとでした。

　結局、1学期は、あれよあれよという間に終わってしまい、2学期は気合いを入れて闘う毎日でした。

　悪ガキたちは、随分と落ち着いて生活できるようにはなりましたが、1人1人を生かすような雰囲気づくりには、まだ程遠い感じで、やるせない感じでした。

　そうこうしている間に産前休暇に入ってしまい、中途半端な気持ちがします。来年1月に復帰しますが、このクラスとかかわりがなくなっても、何か充実感がなく残念です。

　今後、今まで以上に取り組んで、力をつけていきたいと思います。このような場合にどのようなことに心がけて軌道修正していくべきでしょうか。

A 最初の闘いが大事なんですが

　悪ガキだという言葉の中に教師の怨念を感じます。

　私は、こういうのを経験すると思います。また、こういう子がいると思います。

　こういう子がいる場合の大変大事なことは闘いだということです。闘いですから、負けてはだめなんです。しかも最初の闘いが大事なんです。一気にあれよあれよという間にこんなになるはずがないんです。

　最初は、ちょっとしたことから始まるんです。「先生、これ残していい」「先生、これ持って来ちゃった」このアドバルーンで、この先生大丈夫なんだと思うと、次から次へと大きくなり、気づいたら取り戻しがきかないんです。

　ですから、一番最初の闘いで決まるんです。でも、見逃しちゃっているからしょうがないです。教師は集団の長ですから、リーダー、ガキ大将のような統率力を持っていなくちゃだめなんです。通常、男の方が持っています。女性はほとんど持っていないんです。

　自分自身が統率力を持つという経験がないから、大変なんです。でも、そのこと

が必要なのだとわかれば、ずいぶんと違ってきます。

　闘いだから必ず勝たなくてはなりません。勝つためには、その子と自分とでやったらダメです。まわりを味方につけなくてはなりません。相手は自分1人でやってくるわけがないです。相手は、自分のまわり、その隣、その隣、いつの間にか5人、10人と増えていきます。あっという間に教室中の全部を支配下において、教師と闘ってくるわけです。

　しかし、どんなとこだって、黙って見ているまじめな子はたくさんいるわけです。それが大半なわけです。そういった子を味方につけなくてはいけないんです。

　こういったことは、教師の世界では起きるんです。そのときの闘い方は、相手を少数派にしてこちらを多数派にする。

　例えば、相手が3人つるんでたとしたら、できたらその中の1人と闘うんです。いきなり強いやつとでだめだったら、その中のそそっかしい子がへまをやったら、絶対に見逃さないようにするわけです。

　でも、教師ですから憎んではだめですよ。教えてるだけですから。そのことが終わったら、からっとしてなければだめですよ。それは大事なことです。からっとする教師だったら、また子どもたちが寄ってくるんです。

　あと、もう1つ、これをしつけの問題と考えている動きがあるんですが、私は、食べ物も関係することがすごくあると思っているんです。

　甘味料です。これは20年近く前になるんですが、ものすごい子どもたちが荒れ狂ったことがあります。教室に銃を持ち込みます。ですから、休み時間10分なんてとても取れなくて、休み時間が3分30秒なんていう学校がたくさんあるんです。休み時間が5分間も存在しない。そういった子どもたちに対して、「なぜ子どもたちはこうなってしまったのか」という調査研究がされました。

　その中で注目すべきチームがありました。それはお医者さんたちのチームです。医者といっても小児科医です。子どもたちを専門とするドクターの、いわゆるエリートの軍団です。

　そして、子どもたちがこれだけ荒れ狂う原因は人工甘味料だと言います。人工甘味料と言うと、缶で売られているジュースとか、そういったたぐいの物です。それを次のように説明しました。

　脳を抑えて、正常に働かせる作用、カルシウムですねえ。このカルシウムが不足してしまうと、突然カーッとなってしまって何だかわけのわからない行動を始めちゃう、脳を制御しない子どもが生じてきちゃうわけです。

　そのカルシウムなんですが、甘いものをとるとカルシウムを破壊するわけです。これ、コーヒーなんかに入れる角砂糖を1個摂取すると、牛乳で言うと7本分に含

まれるカルシウムを破壊してしまうんです。

その当時、俗に言われる缶ジュースの中に角砂糖7個分入っています。そうすると毎日飲んでいるという人間は、牛乳瓶に換算すると、約50本分のカルシウムを破壊しているんです。

これを調べれば、2本、3本、4本という子はざらにいます。親の中には、子育てに小さいときから人工甘味料の入ったやつを飲ませている人があります。ですから、幼児のときから人工甘味料につかっている子どもはたくさんいます。

この治療は大変はっきりしています。これを一切遮断することです。治療の最中にシロップを小さじ1杯でも飲んだら元に戻ってしまいます。というドクターの報告です。

ですから、単にしつけだけでなく、今言ったように食べ物も影響を与えているんです。教師は、もっとそちらの方にも注目を集めてもいいだろうと思います。

Q8 ボスがいていじめのあるクラスをどう指導すればよいでしょう

質問の内容

育休明け後のクラスにはボスがいて、他の子たちはいいなりの状態でした。また男女1名ずついじめ（○○菌など）の対象者がいました。学級会をしても当然意見は出ず、結局担任対ボス（クラス）の構図になってしまいました。

受け持ったクラスがすでに無政府状態の場合のとき、まず何からどのように取り組めばよいのでしょうか。

A 1つ突破すれば半分は従うのだから……

第一は授業ですよ。授業がおもしろくて楽しいことですよ。このおもしろくて楽しいとこ抜きに学級を立て直すなんてないです。これもう第一の条件ですね。

質問の文面から言うと、「担任対ボス」ってのはダメなんです。統率者なんです。自分はリーダーなんですから、責任者なんですから。

ケンカするのは相手が1人、こちらがそれ以外に全部子どもたちをつける。

そういうような構図でケンカをしなくちゃいけないんですよ。そうすると取り上げるテーマはうーんと決められてきます。

例えばある授業中、そのボスの子がずーっと帰って800メートルも行ってしまった。そういったときこそ取り上げるべきです。

「今授業中ですよ。あんた勝手に出て行った。今度、先生んとこちゃんと言って

来なさい」と言うわけですね。「そんなのうるせーな、いいじゃねーかよ」と言うかもしれません。

「いや、いけません。授業中ですから、この中では先生が教えてるんだから、行くんなら先生に断りなさい」

「いいよ、ケチ」

学級会なんかする必要ないんです。

「じゃ、何とか君がいいって言ったから、いけないと思う子、手を挙げてごらん」

子どもだから半分ぐらい手を挙げますよ。

「この子が言ってることがいいと思う人、手を挙げてごらんなさい」、仲間が何人か手を挙げますよ。当然ですよ、一緒だもん。

「そう、授業中に先生に黙っててもいいっていう子が何人かいました。先生はとっても大事な問題だと思いますので、これから学級通信を書きます。何とか君と何とか君と何とか君はみんな正しいと言ったので、ちゃんと名前を書いて意見を書きます。ですから何とか君、意見を言ってください。本心ですか？」

（向山先生、下をしょんぼりしたポーズをとり）こんなになっちゃって。

「勘違いだったのね。そりゃ勘違いならもう1回聞きます。授業中に先生に断りなく勝手に出ていった。そのことが悪いと思う人手を挙げてごらんなさい」

わーと手を挙げますよ。

「いいと思う人、手を挙げてごらんなさい」

その子、手を挙がった方見ないかもしれない。さいなまれるんです。

けんかはこうでなくちゃいけないんですよ。それをですね、5人も6人もぞろぞろとやってきて、何とか何とか何とか何とか。そりゃか弱い女1人でかなうわけがないですよ。向こうはケンカのプロですから。こりゃみんなかたまっちゃって、全然ダメですよ。

ましてやダメなのは、いろんなこと言うんですよ。細かいことです。「あんときこうやったでしょ」なんて。子どもたちはそれいちいち反論しませんよ。必ずその中の1つだけ反論しますよ。

「オレそんときいなかった」「オレ休んでたな」「オレいなかった」「何でそんなこと言うんだよ、先生よ」

たった1つを突破されるだけでダメになっちゃうんです、教師は。

再度言います。

子どもたちの荒れたクラスを立ち直らせるのは統率者の自覚。それは教師ですから必ずいります。で、必ず勝つ。

そういうことを1つ1つやるんです。今言ったたった1つのことを突破すれば、

Ⅶ 「荒れたクラスを立て直す」で陥りがちな失敗―見直しヒント

半分は従います。お、恐いなというぐらいになるんです。
　そして授業が楽しい。授業が楽しくておもしろければ、いつの間にかだんだんだんだん、じわじわ効いてきます。

Q9 学級のルールを守らない子をどうすればよいでしょう

質問の内容

わざと人の気にすることを言ったり、学習準備をせずに悪口を言ったり、仕事をさぼったりしている子へ注意をして指導していますが、「人に迷惑をかけてもかまわない」という態度がなかなか直りません（親の前では"よい子"です）。

A　知的権威を打ち立て統率することだ！

　「教育学」は教えられますけども、「教育」は教えることができないですね、教師に。「教育」は、先生方お1人お1人が身につけるより他はないんです。「教育学」は語ることができます。
　これ、子どもが授業中、授業のマナーを守ろうとしないというのですが、誰が悪いのか。子どもが悪いのか、教師が悪いのか、両方が悪いのか。両方が悪いのならば、誰が何パーセントで、誰が何パーセントなのか。その責任のところをはっきりしなきゃ話になんないです。
　この書き方からすると、先生は子どもが悪いと。7割か8割くらい悪いだろうと。自分も足りないところがあるだろうというふうに思われているんでしょう。だからここに来るんでしょう。
　まあ、私に言わせれば、99パーセント教師が悪いと。ですから、99パーセント悪い教師のどこが悪くて、何をどうしていくのかということを抜きにしてこれ、解決にならないです。
　再度言いますが、「教育学」は教えられますが、教育そのもの現場は教えられないと。それは言ったことを自分で消化していく他ない。

●荒れたクラスの状況

　私は、また4年生で算数を教えています。
　あるクラス、3年生のときにこれはすさまじいクラスでした。組合運動にご熱心な40代の女の先生が、部会の責任者をされるような方がおやりになっていた。口も八丁、手も八丁、口もたつ。
　ところが、このクラスは授業にならない。ならないどころじゃない。授業中に子

どもが逃げ回っている、外にですよ。

　クラスの中で知恵遅れだとかそういう形で言われているある女の子、もう階段あちこち行って、教室行って隠れちゃう。男の子が廊下に出てきてふらふらふらふらしている。

　毎時間、毎時間です。教室の前通ると、もうぐちゃぐちゃですから。子どもたちが前に出ているんです。授業時間ですよ。

　で、子どもたちの目はつり上がっている。すさまじいと。他の先生が行っても全然言うことを聞かないと。もう、私はこんなクラスを見たことがない、こんな子どもの集団、見たことがないと。どうしようもない、何ともしようがない。ちょっとやそっとの荒れてるなど話にならない。

　教師の言うことを聞かない。授業中、教室外に出て行っちゃう。それも毎時間のようにです。連れ戻そうとすると、「ふざけんじゃない」と。1人1人もやるし集団でもやると。

　そのクラスの先生と、学年の先生方に聞いたんです。「先生方の経験から言って、本当にもうどうしようもないという子はどのくらいの数いるんですか」と聞いたら、男の子16名のうち16名全部ひどい、今まで会ったことがないほど。

　確かに1人1人がそうなんですよ。教師の言うことも聞かないし、ノートも出さないし。

　女の子。女の子で半分だめだと。何たって授業になってないですからね。学校全体で集まったって、ぐじゃぐじゃになってますから、言うことも何も聞かないと。

　当然、その担任の先生も大変だったでしょう。学校来るのも多分いやだったろうと思いますけど。

　担任が入れ替わり、筧田という法則化の若い先生がその担任になりました。私も算数を教えることになりました。そして、最初からどうだったかと言うと、最初から静かです。最初から授業に集中します。知恵遅れ気味だった女の子、この子が何と、わり算をやってできたって持って来るんですよ。もちろん向山式でやったのですけども。

　その向山式でやった1つ1つのポイントがわり算で大事ですね。「たてる場所は、どこにするのですか」「たてたらかける」「補助計算を必ず右側でしなさい」、暗算で下なんかにさせるなどは、クラスの中でできない子をつくっているようなものですからね。補助計算をさせる。計算をさせたらうつす。「どの場所にうつすんですか」。そして、例えば63なら63をうつす。「うつしたらどうするんですか」「ひく」と。

　向山の授業CDを何回か繰り返して聞いた方には、授業のイメージがわかるでし

VII 「荒れたクラスを立て直す」で陥りがちな失敗―見直しヒント

ょう。その通りにやるとその通りに子どもたちが持って来るんですよ。「先生できました」。教室中、シーンとなったですよ、ショックで。

　かけ算九九もできない、たし算でさえできないと言われていたあの女の子が、3年生のときには授業になると逃げ回って逃げ回って、保健室に入るわ、階段に行くわ、体育館裏に行くわ、としていた子が、わり算をしかも黒板に書くわけですよ。「先生できました」。その子、当然のことながら授業中、1回も外へ出ませんし、また他の子たちも全員ちゃんとしています。ノートもきちんと出します。学校中があきれるほどと言うんでしょうか、ショックを受けるほど、ちゃんとしたクラスになっています。

　そこで大事なのですが、そのような子どもたちのことをほんの1か月前ぐらいまでは、一応経験のある教師たちが、1人の教師じゃなく教師集団が、16名中16名全然どうしようもないと、信じられない子どもたちだと、女の子たちの半分もそうだと、特別の子どもたちを預かる特別なクラスなんだと、そのように判断を下したということです。

　再度言いますが、学級が荒れ、混乱するのは、教師がひどいからですよ。もうそのことにつきます。

●このクラスの担任だという責任感

　そのどこがひどいのかということですが、一番最初、まず責任の観念においてですね。自分がこのクラスの担任なんだと。いろんなことが生じても、それは私の責任なんだと。私が解決する他はないんだと。そういった覚悟と方向を持っているかと。

　そしてその次に、今までどっか足りないところがあったはずだ。どこをどう直せばいいのかと。どこをどのように勉強していけばいいのかと。その勉強の仕方において真剣であるかどうかと。

　これがですね、形式的なことをやっている先生方はみんなだめですよ。「これから、2時間目の授業を始めます。気をつけ。礼」「これから、帰りの会をいたします。今日何とかちゃんにこうされました」と、こんなくだらない形式的なことをやっている教師に、ちゃんとした授業ができるわけがないです。

　そんな一切の形式的なことを排除し、本当の子どもの事実だけと向かい合っていく。そういった覚悟を持っている教師たちならば、絶対これは乗り越えていきます。

　外からの見かけ、人様にどう言われているか。そんなことで授業がちゃんとするわけがないです。

　例えばですね。子どもたちに算数の練習問題などをさせます。5問できます。早くできた子どもは、私の場合は、「先生、できました」って子は、黒板に来て黒板

の中で書きます。

　黒板があるとします。そうすると普通の教室の黒板というのは真ん中で線を引いて、こうやって、細く書けば8人書けるんですね。ですから8人の子どもができた順に並んで来て、そして子どもの練習問題の答え合わせをします。

　ところがですね、教室によってその横にくだらないものをがたがたがた貼ってるのがいるんですよ。何であれ貼るんでしょうね、ぐちゃぐちゃに。黒板にこんなに貼ってるのがありますよ、いろんなのが。

　私が使える黒板は真ん中だけです、4人分。毎時間、毎時間黒板に出てくる人間が4人と8人で、力が違うのは当たり前の話ですよ。黒板なんていうのは、右から左まで一気通貫で何にもないのがいいんですよ。せいぜい許せるとしたらば、日付と日直名とそれだけですよ。

　ですから、私は、黒板を使っていて、こんなぐちゃぐちゃに貼っている教師は全部だめだと思います。何でこんなことをやるかと言いますとね。見栄だけです、教師の。自分がやっていることをそういうふうに人から見られたいと。一生懸命やっている姿を見せたいと、そんなことを教師が思っている以上、自分の授業がよくなるわけがないです。

　教師の判断の基準は、あくまで子どもだけです。自分のクラスで跳び箱が跳べない子は何人なのか。全員跳べてんのかと。かけ算九九は何人なのか。できてない子には何をするのか。漢字の習得率は何名でどれだけできないのか。できない子には私は何をしているのかと。ごく具体的なそのことだけです。他一切関係ないです。

　課題を持たせて何とかの学習をするなんていうくだらない学習方法が日本中広まっているらしいですが、私に言わせれば全然くだらないですよ。全然興味関心ないです。

　算数の研究会ですからそれを取り上げましたし、例えば問題をつかむということは、2つのことを意味するんですね。課題を追究するというのは内容が3つあるんですけども、そのことについては述べましたけども、「こういった考え方を誰が言っているんですか」と言ったらば、質問した中の先生が「これうちの学校の先生が考えました」と。うそつけって、そんなの要するにヨーロッパ人が考えているんですけどもね。2人いるんですけども、それを日本が輸入してきた。それをあたかも自分の学校で考え、こういうことをしようとやってるんですけども、そんな形式的なカッコだけをつけるなんていうのは一切私関係ないですね。

　再度言いますけども、子どもが跳び箱が跳べないのは何人なのか。勉強ができないのは何人なのか。もっと言うならば、子どもたちは自分で自分のことに自信を持っているのか。自分が将来何になりたいという夢を持っているのか。先生方語れま

すか。自分のクラスの子どもです。その子たちが、自分は将来どうなろうと思っているのか。その子たちは自分で自分のことをどう思うのか。

●やさしいと思っている教師のしていること

　私、よく例に出します。一番最初に算数の丸をつけるときに「赤鉛筆でつけなさい」と私は子どもたちに言います。したがって「赤鉛筆を持って来なさい」と言いますと、どのクラスでも出ると思いますが、「先生、赤ボールペンじゃいけませんか」という質問が出ます。必ず出ます。

　それは子どもたちが教師に対して上げてくるアドバルーンなんですね。「この教師どんな程度やるかな」と。「こんなこと言って大丈夫かな」と。で、馬鹿な教師が何て答えるかっていうと「いいですよ」って言うんですよ、赤ボールペンで。「それでもいいですよ。赤ボールペン持ってらっしゃい」と。

　そして、しばらくするとどうなるかっていうと、「先生、赤鉛筆も赤ボールペンも忘れてしまいました。赤鉛筆も赤ボールペンも忘れてしまったから青鉛筆でいいですか」。やさしいと思っている先生は、子どものことに対して「私はとてもやさしい」と思っている先生は「ええ、いいわ」って言うんですよ。

　それから、さらに1週間、2週間後、赤鉛筆も忘れ、赤ボールペンも忘れ、色鉛筆も忘れ、何にも持って来ていなくて「先生、忘れちゃったから鉛筆でいいですか」、「しょうがないわね、そうしなさい。今度ちゃんと持って来んのよ」。そんなこと言ったって聞くわけはないですよ。

　1か月が過ぎ、2か月たつと、「ちゃんと自分で丸をつけなさい」なんて言うと、「そんなのやっちゃいられるか。ふざけんじゃねえや」となるんですよ。経験した人たくさんいるでしょう。

　再度言いますが、「赤鉛筆を持ってらっしゃい」と教師が言ったら持って来させるんですよ。それは、赤鉛筆みたいな簡単なことだから大事なんです。

　さっきのクラスの中でちょっとしたトラブルがありました。その荒れ果てたクラスの中で、その中のボス。それは、やっぱり少ししぶとかったですね、1週間くらい。

　「赤鉛筆を持って来ました？」、持って来ない。で、私がどうしたかというと、赤鉛筆をたくさん用意しておいて貸すわけですよ。「先生が貸しますからそれを使いなさい」。

　その次のときも持って来なかった。「ちゃんと持って来るんですよ」と言っても持って来ない。

　3回目も忘れたんですよ。3回忘れたときに、私はその子だけをみんなの前に立たせました。「先生は赤鉛筆を持ってらっしゃいと言いました。3回連続して忘れ

るのは、やらなくてもいいとあなたは思っているんでしょう。先生は、あなたのお母さんとお父さんに電話でお話をしたい。お宅のお子さんは、赤鉛筆を持ってらっしゃいと言う先生の言うことを3度にわたり無視をし、忘れてます」と。子どもは少し緊張するわけですよ。

「いや、今日はお父さんが遅い。お母さん、どっか出かけてる」と。もちろんそんなこと言うんですよ。

「あっ、構わないですよ。ずっと帰ってこないわけじゃないでしょ。遅くても電話する。何なら明日の朝でもいい。君の電話番号言いなさい。先生はちゃんと電話しますから」

そして大事なことですが、まわりの子も味方にするわけです。「ここにいるクラスの子は、みんな持って来ている。赤鉛筆持っている人、手を挙げなさい」。「はーいっ‼」。手、挙がるわけです。「君、まわり見てごらんなさい」と。その子はまわりを見るわけですよ。みんな手、挙がっているわけですよ。「ほら、みんな持って来ている。君だけが3回連続して忘れてる。黙っていられないから、ちゃんと電話する」。するとしーんとなって、しゅんとするんですね。

で、そのまま、また授業続けます。授業を続けて5分後くらい。「さっきのことだけども、もし今度持って来るって言うんならば、1回だけは先生電話しなくてもいいや。どうします、あなた」。ほっとしたような顔して「持って来ます。絶対持って来ます」。これは全体の場面で教師が勝ったんですよ。クラス中のやんちゃ坊主を、教師の権威、教師の力に屈服させたわけですよ。「持って来る」と。

これをですね、わけのわかんないことでけんかしちゃう人がいるんですよ。誰かに悪口を言った、何とかをした。それを取り上げてやるとどうなるかおわかりですか。

「あいつだって前言ったじゃねえか。あいつが先殴ってきたんだ」。ぐちゃぐちゃになるのは当たり前ですよ。

● 教師の権威に屈服させるとき

一番最初にクラスで勝負しなくちゃいけないのは、このように明確な教師の言うことが正しいと、誰が聞いたって正しい、たかが赤鉛筆だ。みんな持って来ていると。だからこそ絶対の自信を持ってやるんですよ。この1つだけ、他言っちゃいけない。

他言うとですね、けんかなれしていない、特に女性の教師は、あっという間にけんかの天才の子どもにやり込められます。「この前、こんなことをしたでしょう。忘れ物した。そしてこの前の社会科のとき、地図帳忘れた。全部だめだったじゃない」なんてたくさん教師が並べると、子どもはその中の1つだけ取り上げるんで

VII 「荒れたクラスを立て直す」で陥りがちな失敗─見直しヒント

ね。

「先生、ぼく社会科の地図帳持って来た。なっ、持って来たよな。持って来たよな、俺な。うそついてる先生。先生、うそついてる。先生、うそついていいのか」

けんかの天才ですからね、このくらいやるんですよ。他のものなんか関係ないんですよ。10も20も悪いこと言ったって、たった1つの弱み見つけて、子どもやってきますから。

「先生、うそついてる」、教師だって一瞬ひるむでしょう。だめなんですよ、そんなことでやっちゃ。子どもをちゃんと、ルールに従い権威に従うんだったら、わかりきったこと、はっきりしたこと、誰でもが認められること。そのことでいったんアドバルーンをつぶさなくちゃいけないんです。

で、そういったアドバルーンを1つ、2つとつぶしていけば、2度と教師にはかかってこれないんです。ところがそれをほっといて、出てくると、次々次々大きくなっていくんですね。今6月ですから、もうほとんど手遅れの状態なんですよ。手遅れの状態ですから、他の子どもたちがそれに追随してないんならば、まだやりようがありますけども、夏休み前に一度頑張って、今以上に悪化させない。そういう覚悟が教師にあるんならば大丈夫です。

再度言いますが、「教育学」は教えられますが、「教育」は教えられません。

その責任者である教師の覚悟と決意にかかっているんです。そしてそのことがある以上、教師は必ず勝ちますし、必ず問題は解決できます。間違いなく。

この質問の中で、私が一番思ったのは「学習準備をせずに」という言葉が出ています。私が思うのは、何で学習準備をせずにすむような授業をするんでしょうか。

私は教室に入って行きます、他のクラスですからね、例えば、黒板にわり算やっていくと、93÷31みたいなごく簡単な問題です。書きます。これをノートに書いて、できた人から持ってらっしゃいと言います。他一切なしですよ。

もう1回言います。これはイメージしにくいでしょうから。

がらっと開けて「こんにちは」。後何にも言わないで、こう書いて、「ノートにこの問題を解いた人から持ってらっしゃい」。そうすると子どもが持って来ます。

「1番、ナンバーワン！ すごいなあ。お家に行ってお母さんにほめてもらいなさい」。ずーっと全部丸つけていきます。準備していない子は一番最後になります。

もしかそれも持って来なかったならば、一通り終わった後に「やってない人立ちなさい」、あるいは「前へ出てらっしゃい」と。「ここでやりなさい」と。

こういったことが、1回、2回、3回すると、私が行くところはちゃんとしている。開いて待ってますよ、もちろん。何されるかわかんないですから。こんなつまらないことでクラスでビリになんてなりたくないですから。どんな子だってクラスで1

番になりたいですから。

　それを再度言いますけども「これから3時間目の授業を始めます。気をつけ、礼、教科書を出してください。何ページ。みなさんやってるかな。前の時間何やったのか」なんて、そんなくだらない一切のことは必要ないのです。授業っていうのはいきなり本旨に突入するんです。

　作文だって同じです。作文指導の骨格というのは「最もクライマックスの状態からやりなさい」と。

　運動会の作文、無指導で指導すれば日本中同じですよ。「今日は待ちに待った運動会です。朝1時間早く起きました。お母さんがつくってきた特別のお弁当で驚きました」くだらない作文、延々とやるわけですよ。

　でも子どもたちに、「作文ていうのはね、一番ハラハラ、ドキドキして心臓がこうなったときから書き出すの。一番だったのなあに」、「ぼく徒競走のとき」、「ぼくは組体操のとき」。子どもによって違うでしょう。

　「そう、徒競走のとき。そのときを一番最初に書くんだ。『バーン、ピストルがなった。前の列が出ていった。今度は私たちの番だ。心臓がドキドキして飛び出しそうになった。』という書き出しで始まるんですよ」

　作文が全部一変しますよ、たったそれだけで。

　というふうに何事にもポイントがあるので、厳しい言葉言ったかもしれませんがこの先生に言うのは、教師が悪くて、きっとどっか「すき」があったんだ。その「すき」のことをどういうふうにやっていくのかということなのですね。

　その上で、人に迷惑をかけるときは厳しく叱るんです。厳しく叱るんですけども、必ずそのときにはテーマを選んで、まわりの子どもを自分の味方にしなくちゃだめです。

●他の子を味方につける方法

　例えばバケツをけとばして水を流したとする。「何でそんなことをするんですか。謝りなさい」。謝んないとする。

　そうすると、子どもたちに「どうして謝んないの」、「いや、別に悪いことしてない」と仮に言ったとする。

　クラスのみんなに聞くわけですよ。「太郎ちゃんはバケツをけって、悪いことしたんじゃないと言ってる。悪いことしたと思う人、手を挙げなさい」と言うとワーッと手が挙がりますよ。もちろん、友達とか2、3人は手を挙げないです。味方がいますから。

　「ほら、たくさんの人たちはこういうふうにやってるでしょ。手をおろしてごらんなさい。ところで、次郎ちゃんと三郎ちゃんと四郎ちゃん、あなた方は手を挙げ

VII 「荒れたクラスを立て直す」で陥りがちな失敗―見直しヒント

てないけども、このこといいと思ってんのね。次の保護者会のときにちゃんとお母さんたちに聞いてみますから。もう1回聞くけども、これは悪いことじゃないのね、あなた方」。すると自信がなくなって、手を挙げようか挙げまいか迷ってしまうんです。つまり、必ず相手は孤立化させ1つにする。

ですから、テーマを選ばなくちゃいけません。他の子たちを味方につけて。あっという瞬間に勝つことをするんです。ぐちゃぐちゃした問題であったら、今みたいにしなさい。

それから、「ルール、マナーを守り、人のためになる行動をしたとき、ほめる」。これは、みんなほめりゃいいんですね。

「親に子どもの状況を話し、学校内のわがままは許されないことを実感させる」

これも親に対する話し方もいろいろあると思うんですが、さっき言ったようにわかりやすいやつがいいと思います。

おわかりでしょうけど、親は絶対子どもの味方しますから。何があろうと。ひどい場合には、先生が悪いからこうだと。この親御さんはどうかわかりませんよ。

ですから、四の五の言わさず、どんなことがあったって、教師の方が正しい。しかも、簡単単純なことだと。そのことさえずっとやってないと。そういうことであるんならば、どんな人でも聞くでしょう。というふうに思います。

ついでに言いますけども、国家というのは、暴力装置があるから成り立つんですね。通常は、軍隊と警察です。

で、警察というのは、常にそのときの権力者とともにあるんですね。警察が権力者を裏切るということは、ないですね。

しかし、軍隊は、多くの人々から募集しますから、軍が分かれるときがあります。

でも、いずれにしても国家というのは、そのようにして成り立つのです。

様々な企業体、様々な企業その他については、これは、予算、お金と人事権を持っているから成り立っていくんですね。

学校の校長先生が大変なのは、人事権と予算の両方ともないからなんですよ。これがなくて1つの組織体を成り立たせるというのは極めて大変なことですね。

さて、教師です。教師はこれらの一切がないんですよ。ないから、体育会系の若い教師はその中の暴力、腕力装置を使ってやろうとするんです。殴るわけですよ。

殴っている教師、こん中でもいると思いますけども、男は。そんなら、長くは続かないです、そんなことは。教師としての権威によって、子どもたちの集団を統率できるんです。

その権威の最も骨格は責任感です。責任感を喪失したときからすべてのことがなくなります。責任感がある限りは、自分が何とかしなくちゃいけないと思っている

限りは、どんだけ腕が下手であろうが何であろうが、そんなの関係ありません。

● 知的権威で学級を統率する

いつかこんなことがありました。

中学校の女の先生、英語の先生、体がちっちゃい。力もないし何にもない。まわりにいる人たちは、みんなやんちゃな坊主、わる。どうしようもないんですよ。

でもその先生、子どもたちに勝ってるのは英語を教えること。英語の教師はたったそれだけです、唯一あるのは。

ですから、その先生に、「英語でしゃべれ。1時間、最初から最後まで」。ワンワンワンワン騒いでいたのがだんだん静かになってくる、英語しかしゃべんないのに。「この先生すごいや、英語でずっとしゃべってる」。でもそれは、教師が英語を1時間中話し続けられるという知的権威で、子どもたちを統率できたということです。

ですから、教師が子どもたちに対して前へ立てるのは、教師としての責任感、教師として持っている、勉強している権威。そのことによって学級を統率していくんですね。

言いにくい話をちゃんとしなくちゃいけないんです。女性は傷つくのはいやでしょうけども、でも人の傷ついたのを見ながら成長する人もいるでしょうし、言われたことをちゃんとやっていけば、それこそ大きな飛躍をしていくわけですから。

望んでなった教師という仕事です。私は大変すばらしい仕事だと思っているんです。その大変すばらしい仕事を、生涯にわたってすばらしい仕事であったと言い続けたいためには、実感したいためには、やはりどっかのときに、真剣になって学ぶ場所が、真剣になって考える場所が、必要なんだというふうに思いますね。

Q10 黙って話が聞けず、時間にルーズな子をどう指導したらよいでしょう

質問の内容

今年から6年生37名の担任となりました。

悩みは、黙って人の話が聞けないこと（37名中27人が×）。授業中でも、20分くらいのビデオを見てても、朝、帰りの会等すべてで、いつまでもおしゃべりをしています。注意をしても3分くらいしかもちません。

また時間にルーズで、教室移動や給食準備などもすごく遅くて私の方がいらいらしても、子どもはのーんびり。

そんな様子を見ると私のやる気がなくなってしまいます。

今すごく悩んでて2学期どうしたらいいのか困っています。

Ⅶ 「荒れたクラスを立て直す」で陥りがちな失敗─見直しヒント

A 「席に着きなさい」と言わないで着席が始まる……手だて

　これは、大事な問題ですから、ゆっくりお話をしたいと思います。この人にはきついことかもしれませんけど、大事なことだからです。
　これは、子どもは悪くありません。悪いのは教師です。自分です。まず自分が悪いと考えるといいんです。
　この文章のはしはしに「子どもが悪い」「私は、ちゃんとしている」という主張がたくさん書かれています。
　例えばです、「悩みは、黙って人の話が聞けないこと」、そうじゃないですね。「黙って聞くような話は私ができないこと」。かっこして（37名中27人が×）じゃありませんね。かっこして（教師が×。私が×）。
　「授業中でも、20分くらいのビデオを見てても、朝、帰りの会等すべてで、いつまでもおしゃべりをしています」は「どのようなことをしてもおしゃべりをするようなそういったことしか私はできない」。「また時間にルーズで、教室移動や給食準備などもすごく遅くて私の方がいらいらしても」これは、先生が悪いからでしょう。
　まず、自分が悪いということをきちんと認識しないとこれは解決つかないですよ。
　解決つかないまま、今言ったようなこのようなお考えで、そのまま2学期、3学期どうなって行くかというと教室騒乱状態になりますよ。先生がいやどころじゃありません。6年生になったら学校出て行くのもいやだと。それほどの大混乱を生じてきます。
　これ1つ1つ大事なことですからお話をしていきます。

● 「席に着け」とか言わなくたって！

　私はよく言うんですけども、例えば20分休み。20分休みが終わって教室に子どもたちが帰ってくる。
　そのとき先生が、「さあ、早く席へ着きなさい。算数のお勉強を出して、教科書を開くんですよ、ノート開くんですよ」。よく先生がやりますけども、そのようなことはやるな。時間の無駄だ、何の意味もない。何の意味もないと私は言います。
　そのようなことをしていると、子どもたちの中で、クラスで賢いしっかりした女の子5人、6人は席に着いているでしょう。
　他の子は、立ち歩いたり何かをしています。遅れてやってくる子は当然いて、教室の前を通り抜けて「先生、これからトイレ行って来ます。水飲みに行って来ます」。当然そういう状態になります。
　どこだってそうなるのです。
　私はそんなことはしません。

何をやるかというと例えば、今は他のクラスに出かけていって算数だけ教えていますけども、長細いフラッシュカードを書いて、子どもたちに「五のだん、はい」と言います。
　そうすると「ごいちが5、ごに10、ごさん15、ごし20」と座っている子どもたちが言い出します。
　立って騒いでいる子はそのフラッシュカードを見て、五のだんを言っている間に席に着き始めます。
　みんなが「ごいちが5」とやっているのに遊んでいる子なんか私の経験上ありません。席へ着き始めます。
　席へ着き始めれば、その中から教科書とか何か取り出します。
　「五のだん」が終わったら「六のだん」を出して「はい」とこういうふうにやります。
　廊下を行こうとした子が「あれ、授業がもう始まっちゃってる」、あわてて教室の中に入ってきます。「ろくいちが6、ろくに12、ろくさん18」、そういうことを言っている間に、廊下を通りかかった子も教室に入ってきて、教科書を出して授業をして待っています。
　今のようなことが、1日、2日、3日と続いていけば、何も「席へ着け」とか何とか言わなくたって、子どもたちはシーンとなって、それが終わったときには授業が始まるようになります。
　再度言いますが、「席へ着きなさい」「ノートを出しなさい」「いつも言ってるでしょ」と言うのは時間の無駄なのです。言っても効果がないのです。
　教師がなめられている場合には、そういったことを言えば言うほど、教室というのは混乱状態になります。
　朝の会は少しは必要でしょう。
　帰りの会をなぜやるか、私にはわかりません。あんなくだらないことをどうしてやるんでしょうかね。くだらないことをやって、それがいいことだと思っている。時間が延びれば延びるほど、子どもたちは教師をいやになります。
　「向山先生は、帰りの会をどのくらいやるんですか」。帰りの会なんてのは、ほとんどやんないです、そんなのは。
　連絡があれば、お昼休みとかそういうときにやればいいんです。
　「私は、1分ぐらいですね」と言ったらば、隣で聞いた野口先生が「向山先生と同じ学校だったら私の方が早い。私なんか帰りの会、全然やらない」と言っていました。
　連絡があるならば、給食のときにみんなが食べているときにすればいいんです

よ。それを「帰りの会」等と称して、「何とかちゃんがこんなことをしました。反省してください」「はあ、します」なんて、あんなくだらないこと何でやるんですか、あれは（笑）。うそつきごっこ、にせものごっこですよ。あんな白々しいことをやるから、しかも時間をかければかけるほど子どもたち、いやになる。

　ですから、ここに出された先生だけじゃなくて、ここにいらっしゃる先生で帰りの会を10分以上やっているなんていうのは犯罪行為なんです。

　そんなことをやったら子どもが教師の言うことを聞かない、だらだらする。それは、もう当たり前なんです。

　10分以上というのは甘いですね。帰りの会を5分以上やるのは、私は犯罪行為だと思っております。子どもたちはさようならをして、みんな遊んで校庭に行く。もちろん校庭に行かなくてもいいんですよ、教室で遊んでいる子がいても。

　帰りの会なんかしないで、子どもたちに「さようなら」と言って自由にしてやる。

　学校の中でスパッと帰るのが早ければ早いほど、私はいいクラスだと思っています。遅ければ遅いほど悪いクラスだと思っております。

　たぶんそういう考え方が、先生方の多くと逆なんだろうと思います。逆でやってるから教室ぐちゃぐちゃになってくるんですよ。

　次、行きます。

●**教室に列ができたままにしておくと**

　算数の練習問題を子どもたちにやらせます。例えば、10問あったとしましょう。3問やったら先生のもとへ持って来なさい。先生は1回だけそのノートを見ながら○をつけてあげます、子どもたちに。

　これ、「最初の問題ができたら持って来なさい」と言うんじゃだめですね。「最初の問題ができたら持って来なさい」と言うと、みんなサッとできちゃいますから列ができます。

　教室に列ができるというのは、絶対というほどやっちゃいけない。教室に列ができるような授業をやった教室は、当然のことながら騒乱状態になる。

　それは、教師がそういうふうにしているんだ。

　でもこれ、「全部できたら持って来なさい」でもいけませんね。「全部できたら持って来なさい」だったらば、○をつけられた子はもうやることがないから、席に戻ってワンワンワンワンなるに決まってます。

　1秒といえども教室の子どもが、いわば「わからない状態」をつくっちゃならない。ここまでは常識です。

　3つ目を持って来ます。○をつけます。そのときに、1番目も、2番目も、3番目も○をつける人がいるんです。「ちっちゃな親切、大きなおせっかい」です。

3つも○をつければ時間がかかるからずらっと並びます。ずらっと並びますから当然それだけぐちゃぐちゃになります。3つ目だけでいいんだ。そこだけ○をしてやって、「後はみんなで答え合わせしようね」となればいいんです。
　そしてその次です。最悪なのです。できていない場合です。間違っている場合、当然あります。それをその場で教える馬鹿がいる。馬鹿ですよ、これは。間違っている子どもをその場で教えるわけですよ。こんなにひどい状態はないんです、教室で。
　いくつかの状態にしましょう。
　間違った子がいる、その場で教える。当然列ができます。列に並んだ状態がぐちゃぐちゃぐちゃぐちゃとなっていきます。そして説明をします。まあ、1分程度でしょう。
　でも、仮に1分そこで説明をしたとする。私が後ろの方で見ていますと、授業全体が5分遅れますね、学級全体が。2人に1分ずつ説明したら、学級全体が10分遅れますね、授業進度。
　自分は熱心にまじめにやろうとしてんのかもしれませんけど、たった2人に1分程度の説明をしただけで、自分のクラスだけは35分授業です、全体の進度が。他のクラスの45分の授業にかなうわけがありません。
　「私は一生懸命やっているのにどうして点数悪いんだろう」。当たり前ですよ、自分が悪いからです。
　さらに言います。ずらっと並んだ子、できない子に×をつけます。×をつけられた子のほとんどは、パッと帰ってもう1回必死になって取り組みます。
　2回目やって戻ってきます。ほとんどの子はそれで合っているんです。
　だから、○をつけて「よくやった！」と言うんです。「よくやった！」と言うと、子どもたちは「ピース！」と喜び勇んで歩きます。
　何でこういう喜びを味わわせないんでしょうかね。1回持って来たときにそこで説明をしちゃう教師というのは、子どもがやったという成就感を奪っているわけですよ。子どもの中に原因がどんどんどんどんたまっていきます。
　再度言います。「ちっちゃな親切、大きなお世話」なんです。小さな親切をやっていると思うことが、クラスの中をぐちゃぐちゃにしていくわけです。
　さらに行きます、今度はさらに具体的に。もし20分くらいのビデオを見せても、ぐちゃぐちゃになると言うのならば、前もって課題を与えておけばいいんですね。
　例えば、20分見たビデオの中身を5行程度のこういった中にまとめなさい。見てなきゃまとめられない。そういったものをやって廊下に貼りだしてやるだとか。見ざるを得ない授業形態を導入すればいいわけですね。

あるいはいくつか聞いてみる。「今のビデオの中から3つ問題を出しますよ」。テストだっていいや、最初は。
　「ビデオを見てのテストをやります。5問です」。別に成績に関係なきゃいいでしょ。そういうふうにやって100点とか0点と書いてやれば多少は見るようになるでしょう。そういったのをやればいいわけです。

●子ども同士を必死にさせる"しかけ"
　給食もそうです。たぶんこの学級では全員そろって「みんな静かにしてください」やってから始まるんでしょう。
　そういうことをやると男の子は、絶対言うことを聞かなくなります。
　ときには、1班、2班、3班とたくさんある中で、「全員そろったところからみんな食べていいですよ」。クラス全員そろう必要ないですもの、「グループだけそろったら食べていいですよ」と言えば、子ども同士で必死になりますよ。「何とかちゃん！　なぜ早く来ないの！　早く席に着きなさい！」。子ども同士にさせればいいんですよ、先生がさせないで。
　それをいつも生真面目に、全員がそろってちゃんとしてそういったことをやっていれば、子どももいやになるに決まっています。
　今言ったように、ちゃんと全部そろわざるを得ないと、子ども同士の中でやっていけばいいんですね。給食の準備というようなこともそうです。
　再度言いますけども、このようなこと思われているのは、たまたまこの先生がお書きになったけど、たくさんいると思われます。教え方教室でもたくさんいます。
　ほっといちゃだめですよ。
　「子どもに責任を押しつける」というふうにやるよりももっと悲惨な状態が生じますよ。教室は荒れてくる。言うことを聞かない、教室から脱走し出す。「ふざけんな、こんなことやっていられるか」。そういった学級になってしまいますよ。
　逆に、自分のどこを直して、どこを変革して、どのようにしてやっていこうかとか、そうなっている以上それは解決の途上にいます。それは大丈夫です。相手はたかが子どもじゃないですか。
　再度言いますけども、教師が変革して、子どもを変革するんです。子どもをよくしたいと思うならば、教師も勉強するんです。自分が変わるんです。
　大事なことですので、その点だけを言いました。

VIII 「親への対応」
で陥りがちな失敗―見直しヒント

Q1 児童を虐待する親にどう対応すればよいでしょう

質問の内容

保護者の児童虐待について悩んだ時期があります。

子どもの手をストーブにつけたり、子どもの腿に焼いたかね尺をつけたりなど、親として（人間として）考えられない行為を繰り返していました。

家庭訪問を何度もしましたが、よい方向に向かわず、結局子どもは施設に入れられました。担任として無力を痛感させられた次第です。

向山先生でしたら、どのような対応をなされるのか教えていただきたいと思います。

A 教師が抱えられる問題ではない！

これは教師だけの責任の範疇ではないと思います。

こういったことに対応するために、民生委員がいたり、児童相談所があったりするのです。教師が問題を抱えないでそういったところへすぐ相談するべきです。

教師がすべきことは、そういった事例があれば、その子をどうやっていけばいいかということをしかるべき立場の人たちと考えていくことです。つまり、そういったことをしかるべき場に出してやることだと思います。

教師が抱えようとすればするほど、善意の余計なお節介で、悲劇がもっと進んでしまうのではないかと思います。何なら親の元から子どもを離して育てるということが必要かもしれません。それは教師の狭い枠の中で片付けようとすべきことではありません。

そのようなことのための制度とか仕組みは世の中に必ずあるのですから、それを生かしてその中で相談してみるということが大切だと思います。

Q2 片親等の理由を家庭訪問で聞いてもよいものでしょうか

質問の内容

家庭訪問についてお聞きします。

VIII 「親への対応」で陥りがちな失敗―見直しヒント

　子どもに両親がいなかったり片親だけだったりしたとき、その理由について聞いてよいのでしょうか。
　クラスで「自殺」が話題になったことがあり、後になってわかったのですが、そのクラスに母親が自殺した子がいたのです。
　もし、そのとき知っていれば早く話を切り上げるなどのフォローができただろうと思いました。
　家庭訪問はなくてもよいという意見も最近聞きますが、向山先生はどのようにお考えですか。

A　プライバシーは立ち入らないのが原則だ！

　自殺したことを早く聞いていればフォローできたのでしょうか。
　私はできないと思っています。
　自殺した母親がいる子どもの心をフォローできるほど教師はえらいのでしょうか。そんなのは教師の思い上がりだと私は思います。
　原則としては、家庭のことは学校に持ち込むべきではないと思います。理解したりすることは大事なのですが、学校のことは学校で受け取ってやることが原則だと思います。
　家庭のプライバシーについても、相手が言うこと以外は立ち入って聞かないというのが原則です。
　家庭訪問では、その家へ行って話をうかがってくる、その程度までが精一杯だと思います。
　母親が自殺するなんていうのは大変なことです。もし、それを教師が本気になって「フォローできる」と言うのならば、その教師は辞表を用意するぐらいの覚悟で使うべき言葉だと思います。そんな言葉を簡単に使ってはならないと思います。
　学校で受け取ってその中で必死になって、それでさえ大変なのです、教師という仕事は。ですから、学校に入ってきたその中で教育をするのが原則だと思います。
　せいぜい家庭訪問で家を訪ねていって、言われたときに聞くのです。
　その上に、もしかしたら必要なことが生じる場合があるかもしれません。その場合だったら例えば、「失礼ですが生き別れなのか死に別れなのか、それについてお話ししていただけますか、差し障りのない範囲でお願いできますか」というように聞くことがあるかもしれません。
　しかし、私は30年近く教師生活をやっていてそういうことがあったのは1回だけでした。

Q3 親からの贈り物をどうしたらよいでしょう

質問の内容

保護者の方からお中元をいただきましたが、どうしたらよいものか困っています。どうしたらよいか、教えてください。

A "返送して"ゴウゴウの批判を受けたのはなぜか

　もらっておけばいいのではないですか。

　例えば、もらったものがすごく高価であったりだとかお金だとかであれば、そういったことについては（常識的な範囲の判断で）、それはお返しをしたりなどして、けじめをつけなくてはならないと思います。

　ただ2000円から5000円程度の物であるならば、これはもらっておいてもいいと私は思います。

　ただ、私自身はこういったことがイヤなので、子どもには住所を教えません。どうしても子どもの方から「暑中見舞いを出したいので先生の住所を教えてください」なんて言ってくることがあって、そういうときには教えることがありますが。

　さて、贈り物が来た場合がありますが、頂いとけばいいんです。

　しかし、こういったことは本来は好ましくないのです。

　もし学校全体として保護者からの贈り物をなくせるものならば、それに越したことはありません。ただし、無理なくです。

　以前（もう30年前です）、頂いたものを全部学校に集めてきて、「お志だけ頂きます……」として学校からそのまま全部返した経験があります。

　返すのがいいことだと思ってやった結果、学校はどう言われたかというと、ゴウゴウたる批判にさらされました。そのときは、運動会その他のご祝儀もすべてお断りしましたが、やはりゴウゴウたる批判にさらされました。対応できないほどでした。

　「もらうべきじゃない、先生たちみんなでやめましょう」と校内で論議して、いいことをやったつもりだったのです。保護者のみなさんにちゃんとお送り返して、学校として、「ありがとうございます。そういったことはわかりますが、私たちとしてはそういったことをされると……」といった手紙を添えたのです。

　しかし、人生の中には若干の潤滑油といったようなものが入ってくることがあるのです。

　例えば、子どもが先生にお世話をかけたりとか、学校でおもらしをしたりとか、

そういったときに先生へ贈ってくるという常識的なことであるならば頂いておいて、あまり深刻に悩まないでください。金券とか高価な物なら、きちんとお返しするとよいでしょう。

あとは、来た物の金額と同等くらいの他の物、例えば図書券などでお返しするという形もあります。中央事務局はこのタイプが多いです。それは、先生方の潔癖度に応じてやってください。

いずれにせよ、社会的な常識の範囲の中で対応すればいいと思います。

なかには、お中元などそれとなく催促する先生がいるみたいですが、それはもちろん論外です。

ちなみに、私は東京都の中の住宅街といわれるところで教師をしていて、お中元は1つも頂きませんでした。ゼロです。お歳暮のときは2軒か3軒でした。

また、受験をするときに内申書をたくさん書きますが、そのときは、いろいろ書いてもらったからということでしょうか、5000円ぐらいのウイスキーやその程度のものを、書いた人の6割ぐらいから頂きました。そのくらいの感じです。

向山先生もそんなものかと思ってください。

ずうっと昔のまずしい時代には、これも教師の収入だなどという不心得な状態があったのですが、ずいぶん時代も変わってきておりますので、贈り物についてそんなに悩まないでください。

Q4 学校行事に児童を参加させない親への対応を教えてください

質問の内容

クリスチャンの保護者がいます。

信仰の理由から、学校行事、学級行事、そして授業の様々な活動への参加を拒否されることがたびたびあります。

七夕が近づいたある日、短冊に願いごとを書いて笹に飾り付けをしようということになりました。

しかし、その後すぐに、クリスチャンの保護者から、そのような活動はやめてほしいという要望が出されました。もし実施するなら学校を休ませるというのです。

自分なりの解決策

次の2つの対策を考えました。
① 短冊に願いごとを書いて掲示板にはる程度の活動にとどめることで、その子も参加できるようにする。
② 参加するしないの選択は保護者に任せ、計画通りに七夕飾りを実施する。

教育活動の中で、信仰の自由をどのように尊重していったらよいか、よくわかりません。

どちらの対策がよいのでしょうか。

A　ムリに参加してもらわなくても

　ある特別な、熱心な宗教団体の場合ですと、民俗的な行事が宗教的な行事と重なる場合が出てきます。
　七夕がそうです。七夕に祈るわけですから、他のところに祈る人にとっては、それはダメだ、という考え方になります。
　ただし、日本の中で多くの人たちは、それについては認めています。
　お祭りはお祭りですし、生活科の中に「お祭りをつくろう」という学習もあります。そうした点で、お1人お2人のためにそれをやらないというのも問題だと思うのです。
　ですから、ここでは「対策②」にありますように、参加するか否かは保護者に任せて、現在まで大勢のほとんどの人の参加でやってきた行事については実施をする、というのが正しいことだと思います。
　そして、参加しないということに対して無理やり言う必要はないと思います。
　考え方によっては「教育目標」もダメになるでしょうし、「校歌」もたぶんダメになると思います。
　ある宗教を徹底すると、ダメだということは当然生じてくるわけですから、それぞれ、という対応の仕方がいいのだと思います。

Q5　子どものけんかに参加する親にどう対応すればよいでしょう

質問の内容

　A男がB子の腹をあやまってけってしまいました。B子が泣いたので、A男はその場で何度も「ごめんなさい」とあやまりました。
　その4日後、偶然にA男がB子の母親に会うと「うちの子の腹をけってはダメじゃない」と足でけられたそうです。
　C男が少し嫌な言葉を言ったときも、C男は後日、B子の母親にほっぺをつねられたそうです。
　そのことで、A男、C男とB子がけんかになりました。3人には一応けんか両成敗としましたが、どのように対応すればよいのでしょうか。よろしくお願いします。

A　対応で大事な3つのこと

　これは難しいですね。

腹をけってしまって親が出てきたということですが、これは子どものトラブルと、親が出てきたということを2つに分けて考える必要があると思います。

子ども同士はきちんと解決してやる。これは先生の立場です。

もう1つは、親が出てきてしまったことです。このことに対してまず第一に大事なのは、必ず校長先生にお話しておくことだと思います。

若い先生方は何でも自分で解決しようと思って、後でトラブルになることが大変ございます。そのことで責任を負ったり、解決の方向を出すのは校長先生、教頭先生なわけですから、まずそのことについてお話しておくことが大事です。

それからB子のお母さんが、子どもにつねるというようなことをされたそうですが、それについては遠慮してもらうのが筋だと思います。なぜかと言いますと、学校というのは子どものことを先生が叱りますが、それは先生が教育的な指導をするということで許されているわけです。

B子の母親がつねったり、けっとばすということは越権行為です。これは厳とした違法行為なわけですから、担任の先生から言う、あるいは校長先生から言っていただく、という形で対処すべきことだと思います。

その次に親同士がけんかになってしまったと、これは学校は、なかなか関与しきれないと思います。それは、第三者として意見を求められたら発言をするという立場が基本的なことだと思います。中身に関与したために、かえってこじれてしまうということがあろうかと思います。

以上まとめて3つです。

第一は、必ずこのような事件のときには校長先生はじめ管理職に伝え、どのようにしたらよいか聞くこと。

2つ目は、子どものことは子どものこととして原則的な方針で対処すること。

3つ目、B子の母親がほかの子をやったというのは明らかに越権行為ですから、遠慮してもらうような方向で何とかお話をすること。校内のことについては私どもにお任せくださいということをすること。それを越えて、親同士がけんかになってしまった場合については、第三者の立場を守ることというようなことが必要かと思います。

著者

向山洋一（むこうやま・よういち）

日本教育技術学会会長。TOSS代表。
東京都生まれ。東京学芸大学卒業後、東京都大田区立の小学校教師となり、2000年3月に退職。その後、全国の優れた教育技術を集め、教師の共有財産にするための「教育技術法則化運動」TOSS（Teacher's Organization of Skill Sharing:トス）を始める。現在、その代表を務め、日本の教育現場ならびに教育学界に多大な影響を与え続けている。執筆活動も活発で、『跳び箱は誰でも跳ばせられる』（明治図書出版）、『新版 授業の腕を上げる法則』（学芸みらい教育新書）をはじめ、著書は膨大な数にのぼる。

プロデュース

星野裕二（ほしの・ゆうじ）

1958年生まれ
1982年　福島大学教育学部卒業
1982年〜2013年　福島県公立小学校教諭
現在　TOSS kids school 大玉校経営
●著　書　『学級のいじめ発見十か条』（明治図書）
●編著書　『学級担任力がつく授業指導のコツ』、『先生が大好きになる特別活動指導のコツ』、『子どもの荒れにどう立ち向かうか』他　（以上明治図書）

そこが知りたい！"若い教師の悩み"向山が答えるQA集②
学級づくり"よくある失敗"113例
～先生好きにする改善ヒント～

2017年2月1日　初版発行

プロデュース	星野裕二
著	向山洋一
発行者	小島直人
発行所	株式会社 学芸みらい社
	〒162-0833 東京都新宿区箪笥町31 箪笥町SKビル
	電話番号 03-5227-1266
	http://www.gakugeimirai.jp/
	e-mail : info@gakugeimirai.jp
印刷所・製本所	藤原印刷株式会社
カバーイラスト	前田康裕
本文イラスト	佐田みそ
装丁デザイン・DTP組版	星島正明

落丁・乱丁本は弊社宛てにお送りください。送料弊社負担でお取り替えいたします。
©Youichi Mukouyama, Yuji Hoshino 2017 Printed in Japan
ISBN978-4-908637-32-2 C3037